O mago e o mendigo

O mago e o mendigo

Romance Espírita

NAZARENO TOURINHO

LaChâtre

© 2012 Nazareno Tourinho

Programação visual da capa:
ANDREI POLESSI

Instituto Lachâtre
Caixa Postal 164 – CEP 12914-970
Bragança Paulista – SP
Telefone: 11 4063-5354
Site: www.lachatre.org.br
E-mail: editora@lachatre.org.br

1ª edição, 1ª reimpressão
Outubro de 2012
Do 2001º ao 4.000º exemplar

A reprodução parcial ou total desta obra, por qualquer meio,
somente será permitida com a autorização por escrito da editora.
(Lei n° 9.610 de 19.02.1998)

Impresso no Brasil
Presita en Brazilo

CIP-BRASIL. CATALOGAÇÃO NA FONTE

Nazareno Tourinho, 1934 –

O Mago e o Mendigo / Nazareno Tourinho – 1ª ed. – Bragança Paulista, SP : Lachâtre, 2012.

ISBN: 978-85-65518-47-5
208 p.

1.Magia. 2.Espiritismo. 3.Romance espírita. I. Título.

CDD 133.9   CDU 133.7

SUMÁRIO

Apresentação, 9
1. Início da história, 15
2. Continuação da narrativa, 39
3. O mago, 47
4. A médium, 51
5. O mendigo, 57
6. O encontro anunciado em sonho, 61
7. A linguagem dos sinais, 67
8. Um sinal desconcertante, 73
9. Uma ideia salvadora da pátria, 77
10. Perguntas sem respostas, 87
11. Iniciação à Magia, 95
12. Segredos, 107
13. Uma tristeza, 117
14. Luz diversificada, 125
15. Samba de criolo doido, 133
16. Diálogo esclarecedor, 139
17. Fatos pitorescos, 153
18. Piracema de intrigas, 165

19. A revelação, 173
20. O adeus, 183

Apresentação

Diferente das religiões tradicionais, que são constituídas por estruturas engessadas e dirigidas por representantes oficiais que decidem o que é ou não ponto de doutrina, o espiritismo teve seu início a partir do trabalho de Allan Kardec, que demonstrou toda a sua sabedoria deixando a cargo do movimento espírita como um todo e suas lideranças naturais o desenvolvimento de sua doutrina.

É impossível listar a imensa contribuição de pesquisadores e intelectuais, deste nosso mundo e do chamado 'mundo espiritual', que, desde a época de Kardec até o presente, contribuem para o estabelecimento da estrutura doutrinária que caracteriza o espiritismo nos dias de hoje.

Nesse seu processo de desenvolvimento como doutrina, é curioso observar a empatia que o espiritismo encontrou junto ao povo brasileiro. Transportado para cá de seu berço francês, o número de seus adeptos jamais deixou de crescer. Ultimamente, esse fenômeno se acentuou. De acordo com o IBGE, órgão responsável pelos censos demográficos em nosso país, entre os anos 2000 e 2010, o espiritismo foi a religião que mais cresceu no Brasil (cerca de 50%), trazendo para suas fileiras em torno de 1 milhão de novos adeptos.

A adesão em massa desses novos prosélitos traz consigo outros desafios aos divulgadores espíritas, pois a 'conversão' não modifica de imediato as crenças arraigadas das religiões de origem do crente. Com isso, surgem no movimento espírita, com certa frequência, ideias e práticas conflitantes com as diretrizes do espiritismo.

É sempre polêmico citar exemplos dessas crenças e práticas não espíritas que se espalham em nosso meio, exatamente por contarem com inúmeras adesões, inclusive de lideranças do movimento. Cito apenas uma, bastante relacionada com o conteúdo desta obra: o endeusamento de que os médiuns têm sido objeto, como se fossem magos ou feiticeiros. Merecedores do nosso respeito, como qualquer outra criatura, o médium é apenas um instrumento utilizado pelos espíritos para o contato com a humanidade. O médium não é mais sábio ou mais evoluído, simplesmente por ser médium. Mediunidade não é fenômeno sobrenatural e comunicação entre os diversos planos da vida não é milagre, mas lei da natureza. Kardec chegou a ter a preocupação de não vincular as mensagens que divulgava com o nome dos médiuns que as haviam recebido e defendia que a análise séria e isenta do conteúdo da comunicação de origem espiritual é que deveria ser o critério para classificação da sua qualidade.

Em *O mago e o mendigo*, Nazareno Tourinho, uma das mais lúcidas mentes do movimento espírita atual, se propôs a tratar do surgimento em nossa sociedade de um misticismo sem consistência, com características medievais e contrário à racionalidade que a doutrina espírita propugna. Em evidência em função da grande popularidade dos livros de Paulo Coelho, a magia, no entanto, encontra-se completamente superada em face do conhecimento científico atual. O que, aliás, os espíritos já ensinavam a Kardec: "Não creia num pretenso poder mágico, que só existe na imaginação de criaturas supersticiosas e ignorantes das verdadeiras leis da natureza." (*O livro dos espíritos*, pergunta 552.)

Ao colocar a defesa do ponto de vista espírita na boca de um pretenso mendigo, Tourinho parece querer chamar a atenção para mais uma diferença entre a magia e o espiritismo, já que este não possui sacerdotes nem divulga seus ensinamentos através de criaturas eleitas pela divindade. A verdade pode jorrar da mais imprevisível origem, até dos lábios de alguém excluído da sociedade.

É interessante ainda observar o fato de que importantes intelectuais espíritas se utilizaram de gêneros literários, como a novela ou o romance, para divulgar suas ideias, certamente pela possibilidade de se atingir um público mais amplo, não afeito a textos técnicos, científicos ou filosóficos. Nazareno Tourinho está bem acompanhado nesta sua iniciativa por, entre outros, escritores da qualidade de Léon Denis, Camille Flammarion, Bezerra de Menezes, Carlos Imbassahy e Herculano Pires.

Alexandre Rocha
Bragança Paulista, agosto de 2012.

1. Início da História

Segunda-feira, 30 de julho de 2001.

Amazônia, detalhe bastante significativo, pelo menos em parte. Alguém já declarou que o Brasil devia devolver o Acre para a Bolívia, pedindo desculpas pela demora...

Estamos em um município paraense muito distante da capital. Aqui o milagre da televisão ainda não deu o ar da sua graça: das duvidosas bênçãos civilizatórias chega apenas o jornal que domina a mídia impressa do Estado, e assim mesmo só chega com vinte e quatro horas de atraso, trazido em avião teco-teco, monomotor. Trata-se de *O Liberal*. A edição de ontem abre com esta manchete em oito colunas: "Prisões são depósitos de pobres".

Abaixo da manchete, breves linhas resumem nos seguintes termos a matéria inserida em página interna:

Nazareno Tourinho

> Relatório revela que, no Pará, o aparelho-policial-judiciário é seletivo na punição. Quase a metade da população carcerária do Estado (46%) é constituída de negros. Dos 2.753 presidiários, 66% provêm de famílias que ganham até um salário mínimo. Não há nenhum presidiário no Estado de renda familiar de mais de cinco salários.

O habitante mais esclarecido da cidade interiorana em que nos encontramos, um exportador de borracha ainda não falido como muitos outros, é homem honesto e relativamente culto, apesar da situação em que se acha, pois frequentou com ótimo aproveitamento três anos de um curso de Direito em Belém, antes de ser obrigado a assumir os negócios do pai, morto há duas décadas no seringal de sua propriedade por uma flechada de índio caiapó; lendo a notícia de *O Liberal*, teve ele um sentimento de gratidão a Deus por viver naquele lugar inóspito, longínquo e abandonado, terra na qual, por mais incrível que pareça, o povo ainda é feliz. Largando o jornal, pôs-se a rememorar os últimos acontecimentos da véspera, no Clube Recreativo-Cultural que fundou e dirige, onde às vezes promove interessantes tertúlias à moda de antigamente. Eis a sucessão das cenas que lhe povoam a ciclorâmica tela mental, como um filme de enredo surrealista, cheio de metáforas e expressões simbólicas:

O mago olha com firmeza para o mendigo diante do auditório repleto de expectadores. Seu olhar tem um brilho faiscante, parece irradiar chispas de fogo hipnótico. Tufa o peito e brada em voz tonitruante:

– Que autoridade tem você, velho vagabundo e anarquista, para contestar um escritor?

O mendigo, sereno e calmo como um navegador marítimo olhando o céu pontilhado de estrelas em noite limpa de verão, responde:

– Os dois maiores sábios que a humanidade conheceu, Sócrates e Jesus, não nos deixaram nenhuma palavra escrita. No mais, alguém já disse, judiciosamente: "Antigamente os animais falavam, hoje escrevem..."

O mago estremeceu, pigarreou, empinou mais o busto e voltou à carga com grande veemência, para não dizer agressividade:

– Repito: que autoridade moral e intelectual você tem para refutar um autor do porte de Paulo Coelho, laureado com premiações na França, na Austrália, na América do Norte, na Iugoslávia, na Irlanda, na

Itália? Um autor que já vendeu milhões de exemplares dos seus livros em quase todos os países?

Qual um faquir indiano, sem perder um grama ou milímetro do seu perfeito equilíbrio emocional, o mendigo acrescentou:

– Se os grandes gênios da literatura sempre foram desprezados em sua época e somente receberam a consagração séculos após terem morrido, pode-se concluir que todo o sucesso alcançado por um escritor ainda vivo é pelo menos suspeito... De resto, quem possui bom senso não ignora que, no campo das letras, a receita para o grande sucesso de público é a mediocridade...

A plateia, embora formada quase totalmente por gente simplória, do ponto de vista cultural, homens rudes, analfabetos, a maioria pescadores e mulheres sem a menor instrução escolar que desenvolveram a inteligência tão-só em atividades na roça ou em tarefas rotineiras no lar, prorrompeu em calorosos aplausos.

O moderador do debate de algum modo surpreendeu-se com a entusiasmada e praticamente unânime manifestação dos presentes. Sentiu-se meio preocupado com o rumo que a discussão poderia tomar, sobretudo com a sorte do mago, a quem não queria ver sob o constrangimento de uma derrota humilhante, até porque desejava tê-lo como protagonista de outros debates no mesmo recinto. Pediu silêncio a todos. E, alegando o adiantado da hora, deu por encerrada a discussão, prometendo que iria programar uma nova tertúlia com a participação do mago e do mendigo.

Transcorridos não mais de quinze minutos no relógio de algibeira que o moderador do debate herdara do genitor junto com o seringal, um armazém de secos e molhados e quatro lojas de quinquilharias, ei-lo conversando com o mago, animadamente, na frente de duas cervejas geladas, em um quiosque arejado por ventilação natural constante, defronte do porto, ou melhor, de uma espécie de ponte onde vez por outra ancora um navio de pequeno calado e diariamente encostam canoas e barcos.

Explica o moderador de debates ao mago que sua condição de presidente-fundador do Clube Recreativo-Cultural lhe faculta o privilégio de programar não apenas festas dançantes e torneios desportivos, mas também quantas reuniões filosóficas quiser. Explica que os habitantes do município prestigiam invariavelmente tais reuniões por que nada têm para fazer como divertimento em noites de fim de semana, já que ali não existe televisão, cinema nem teatro. Explica que, atendendo à reivindicação de diversos moradores do lugar, comprometeu-se a fazer o próximo debate do mendigo com o prefeito, a fim de discutirem questões políticas ou administrativas. Explica que só depois deste debate poderá marcar um outro do mendigo com ele, o mago. Explica que a micro-população local tem características antropológicas singulares, oscilantes entre a mais profunda consciência ética e o mais puro cinismo. Fitando o mago de través, declara com acentuado bom humor:

– Neste "fim do mundo", em que, segundo a minha avó, "o diabo perdeu o cachimbo", onde o "vento faz a curva porque não tem mais espaço para avançar", a civilização ainda está ausente. Os nossos caboclos não passam de índios, melhorados ou piorados. Pensam e agem de maneira absolutamente contraditória. Às vezes revelam uma inocência infantil, às vezes demonstram impressionante esperteza. Com a mesma paixão aplicada em alguns trabalhos de que gostam, entregam-se à indolência e ficam se embalando horas seguidas em redes de cipó, durante o dia, no meio da semana. Parecem contemplativos da natureza e não sensuais, contudo fazem filhos como preá, atribuindo ao boto a gravidez das mulheres sem maridos. Dividem uns com os outros aquilo que têm, todavia zelam pelas suas desvaliosas propriedades com o carinho de quem guarda tesouros e relíquias. Aceitam tudo o que os sacerdotes e missionários lhes ensinam em matéria de religião, no entanto somente depositam fé em suas crenças pagãs e animistas; é espantoso como nunca brigam por motivos filosóficos, metafísicos, embora adorem uma polêmica entre padres e pastores protestantes. Já tivemos várias delas no Clube, o êxito foi retumbante. O seu debate com o mendigo agradou a eles de maneira completa. Tenho certeza de que encherão o auditório se houver outro. Você concorda em enfrentar o mendigo de novo?

– Não! Para que perder tempo discutindo com gente de baixo nível mental? – retrucou o mago. Acendeu uma cigarrilha e elevou vagarosamente a mão esquerda fechada até a ponta do queixo, ali detendo-a. A seguir falou e ouviu:

– Desde quando esse indivíduo impostor anda por aqui?

– Chegou mês passado, umas três semanas antes de você.

– Ele não pode ser um simples mendigo, com a cabeça e os conhecimentos que tem. Deve ser um espião disfarçado, a serviço de alguma organização estrangeira interessada em colher dados sobre a Amazônia, ou então um foragido da justiça.

– O delegado está pesquisando a sua origem e vida pregressa. Ele se nega a falar nisso.

– E por que o delegado não o prende e obriga a falar?

– Não pode fazer isso, de acordo com a lei. Ele possui documentos e em momento algum cometeu qualquer delito.

– Como desembarcou aqui?

– Ninguém sabe, talvez tenha vindo em uma catraia. Um dia, de manhã cedo, foi visto pela primeira vez dormindo placidamente na margem do rio junto de uma tartaruga. Depois começou a perambular pelas ruas, fazendo ponto na praça. Quando anoitece, some e dorme em uma área erma no fim da praia. Não pede nada a ninguém e pelo menos parte das moedas que os caboclos põem espontaneamente no bolso do seu paletó rasgado emprega de maneira original.

– Como?

– Comprando biscoitos e bombons que distribui para as crianças.

– E de que vive?

– Quando passeia pelas ruas, não falta quem o chame para oferecer um prato de comida. A roupa ele lava no rio, onde toma banho todo dia, de madrugada, no fim da praia.

– Não há perigo das mulheres o verem nu, tomando banho?

– O fim da praia é uma área deserta, lá ninguém vai devido ao pedregulho. Principalmente de madrugada.

Fez-se uma pausa no diálogo.

Baixando a mão que escorava o queixo, o mago abre um tanto exageradamente as pálpebras, mostrando os contornos internos dos seus olhos castanho-amarelos, capazes de expelir vibrações magnéticas poderosas, e indaga com um certo ar de quem se sente vitorioso ou, no mínimo, próximo do triunfo:

– Qual é o nome que consta na carteira de identidade desse sujeito mistificador?

– João... esqueci o sobrenome.

O mago estremeceu nas bases, as quatro pernas do banco tosco em que sentara no quiosque. João era o nome de seu pai falecido e do seu filho único também falecido, em circunstâncias trágicas. João era o nome de um dos autores dos quatro *Evangelhos* que relatam a vida de Jesus, justamente aquele mais apreciado pelos adeptos da magia em razão de certas expressões simbólicas. Isto podia ser um sinal. De seus olhos graúdos saíram estranhas cintilações. Os magos se guiam por sinais, para eles não existem coincidências e acasos, todas as coisas da vida e do universo contêm mensagens ocultas que precisam ser decifradas. Talvez estejam certos quanto a isso, o problema é que se agarram a uma técnica de decifração fantasiosa, anti-científica, e mergulham na auto-sugestão, enganando-se a si mesmos; por via de consequência, enganam ao público em geral, quando escrevem livros de sucessos, fascinantes e sedutores. Disse Boileau: *"Um tolo sempre encontra outros ainda mais tolos para o seguirem..."*

O moderador de debates pergunta ao mago:

– Por que você se transferiu para cá? Os nossos caboclos não trocarão as pajelanças, que são mais medicinais do que filosóficas, por suas teorias e práticas esotéricas. Eles depositam mais confiança nas virtudes afrodisíacas da marapuama e do ovo de tracajá do que nos poderes das energias cósmicas.

O mago levantou-se, enigmático, piscando os olhos gateados, ensaiou uns passos na direção da porta de saída do quiosque, contemplou as águas do rio, um tanto revoltas naquele instante, como se prenunciassem a pororoca ou estivessem sendo agitadas pela cobra-grande do imaginário popular; voltou a sentar-se e balbuciou contrafeito:

– Não responderei a pergunta que acaba de me fazer.

O moderador de debates também ergueu-se, deixando transparecer não ter gostado do que ouvira, foi ao mictório e, na volta, sem cerimônia expôs seu desagrado para o interlocutor:

– Se o amigo não quer responder a pergunta que lhe fiz, torna-se tão suspeito quanto o mendigo. Pensando bem, ambos merecem ser investigados, pois são inteligentes demais para perderem tempo se entocando em uma cidade interiorana como esta.

Acusando o golpe e valendo-se dos seus direitos humanos mictoriais, o mago foi igualmente esvaziar a bexiga a fim de ganhar tempo para resolver se revelaria ou não o verdadeiro motivo pelo qual estava com a sua companheira naquele município tão atrasado econômica e culturalmente. A situação era crítica. Há nove dias ele ali desembarcara, transpondo o portaló do navio em que devia viajar até Rio Branco, capital do Acre, para onde comprara passagens. Ninguém, afora evidentemente a sua companheira, sabia deste detalhe, mas uma investigação poderia facilmente descobrir na escala da volta do navio; o mendigo não falou nada a ninguém sobre o motivo da sua vinda para o município há um mês atrás porque, face à penúria em que se encontrava, somente o delegado lhe cobrou satisfações, porém ele, o mago, falou: disse que partiu da próspera cidade onde residia expressamente com destino àquele lugar, seguindo, como um bom mago, os sinais do seu mapa astrológico. Se descobrissem, com o comandante ou o comissário do navio, que o destino dele era outro, ficaria em maus lençóis por ter mentido, já que a mentira, no coração incivilizado da Amazônia, ainda não é considerada como um ato comum, desculpável e às vezes até elegante, absolutamente necessário ao relacionamento social...

Na verdade o mago decidiu viajar com destino a Rio Branco, capital do Acre, por duas razões relevantes.

A primeira, financeira: começaram a minguar, na próspera cidade onde residia, os seus clientes para consultas com as cartas de tarô e os seus alunos para cursos de projeção astral, cromoterapia, mandala, iniciação ao hierofante, arte wicca, cura pelas pirâmides etc.

A segunda, ideológica: a necessidade de obter um talismã que fosse o símbolo do seu grau de mestre da *Tradição*, possibilitando-lhe ainda o exercício pleno dos poderes mágicos, cabalísticos, aperfeiçoados em penosos rituais secretos. O Paulo Coelho não havia conquistado a sua espada de mestre na Espanha, fazendo o Caminho de Santiago de Compostela? Por que ele não haveria de conquistar a sua pedra mágica no Brasil, efetuando uma peregrinação mística no Caminho da Floresta Amazônica, pulmão do mundo, a despeito das queimadas devastadoras cada vez maiores? Por que não, se a floresta Amazônica é um templo da natureza cuja aura, encantada de sortilégios, sempre lhe atraiu mais do que as centenárias igrejas espanholas? Ele conhecia a lenda do muiraquitã, a pedra mágica da região nortista, e, recentemente, ao término de uma meditação feita no estilo ioga, percebeu intuitivamente que, para encontrar um muiraquitã autêntico, não falsificado pela indústria dos 'suvenirs', teria de se internar no Acre e percorrer os últimos limites do território brasileiro. Dispôs-se a isso, comprou as passagens para Rio Branco, mas, muito antes de o navio atingir o porto final da viagem, quando ainda navegava em águas paraenses, sua companheira entrou subitamente em transe mediúnico no camarote e uma entidade do Além, que jamais houvera se manifestado por ela, falando em um padrão de linguagem eloquente, capaz de deixá-lo perplexo pela profundidade dos conceitos, recomendou-lhe o desembarque naquele município, garantindo que nele um homem iria curá-la da 'esquizofrenia pela qual já sofrera dois breves internamentos psiquiátricos antes de conhecê-lo, coisa que ele ignorava e ela confessou chorando ao sair do transe.

Para todas essas reflexões, feitas com a velocidade de pensamento que só um mago é capaz de ter, necessitou esvaziar duas vezes a bexiga, mas voltou para a mesa da cerveja gelada já sabendo o que dizer ao moderador de debates. Eis o que fala, agora sem mentir:

– Vou atender a sua curiosidade, entretanto rogo-lhe, pelo amor de Deus, que não conte isso a ninguém. Estou aqui, acima de tudo, por causa de uma mensagem do Além recebida através da minha companheira.

– A sua mulher é espírita? – interrogou com simpatia o moderador de debates até então agastado, sem confessar já ter lido parte de um livro de Allan Kardec que o mendigo não tirava do bolso do paletó rasgado e lhe emprestara poucos dias atrás.

– Espírita não, paranormal! – corrigiu o mago.

Para demonstrar que não era tão insciente no assunto, o moderador de debates obtemperou:

– Compreendo. Ela recebe mensagens das almas dos mortos mas não segue a doutrina...

– Os mortos não se comunicam com os vivos.

– Como não se comunicam? A sua mulher não os recebe?

– Não.

– Você não disse que ela é médium?

– Disse paranormal.

– Não disse que recebeu por ela uma mensagem do Além?

– Exato.

– E quem se comunica com ela senão a alma dos mortos?

– Demônios.

– Compreendo... Demônios não são espíritos.

– São.

– Agora não dá para eu compreender.

– Eu compreendo que o senhor não possa compreender.

– Vai explicar?

– É difícil, o senhor não é um iniciado.

– Demônios são ou não são espíritos?

– Depende...

– Depende de quê?

– Depende da concepção que se tenha dos seres invisíveis da criação. Demônios são espíritos da terra, não de pessoas mortas.

– Como assim?

– As almas das pessoas mortas nunca voltam a este mundo, estão no Céu, Purgatório ou Inferno.

Quem se comunica pelas pessoas chamadas de médiuns são os demônios.

– Mas você não me falou que está aqui, acima de tudo, por causa de uma mensagem recebida do Além através da sua mulher?

– Falei.

– Então ela é uma bruxa?

– Não, é apenas vítima de uma doença mental, que nem sempre impede a pessoa de ter uma vida satisfatória, dentro da normalidade. Os demônios, que têm na terra o seu reino, às vezes se apossam de criaturas humanas cujo cérebro é fraco ou não funciona bem. Minha companheira, coitada, tão jovem ainda, e tão bonita, não tem pacto com as trevas de Satã, é apenas uma enferma ciclotímica; fora das crises, que são raras, seu comportamento é irrepreensível e saudável. Estou com ela há pouco tempo, menos de um ano, mas tenho certeza de que nada tem de bruxa. Volto a lhe dizer: demônios são espíritos da terra e não seres semelhantes às almas humanas, daí porque "os casos de obsessão acontecem quando as pessoas perdem o domínio das forças da terra", conforme ensina Paulo Coelho no capítulo "A Morte" do livro *O diário de um mago*. Na parte final desse livro, no capítulo "A Loucura", ele mostra como obrigou um demônio a voltar para o seu reino, a terra. Leia o Paulo Coelho.

– Tudo bem, posso até ler, porém um ponto contraditório do que me disse vai ter de justificar logo.

–Qual?

– Aquele que já coloquei: a aceitação por você de uma mensagem demoníaca para instalar-se entre nós. Somente feiticeiros da pior qualidade se orientam por mensagens de demônios.

– O senhor pensa desse modo porque desconhece que existem demônios maus e bons. E saiba que o feitiço, sendo um ramo da magia, possui também o seu lado positivo, pois domina os elementos da natureza e pode alterar a composição essencial da matéria, orgânica e inorgânica. Tudo é uma questão de química, tanto podemos matar ou curar uma pessoa com o poder da mente quanto transformar chumbo em ouro. Duvida que podemos transformar chumbo em ouro? Então leia outro volume de sucesso do escritor Paulo Coelho, *O alquimista*.

A esta altura, o moderador de debates não resistiu. Soltando uma gargalhada, murmurou:

– Se você está certo, se alguém pode transformar chumbo em ouro, eu sou um grande imbecil ocupando-me há vinte anos em transformar leite de seringueira em borracha...

Não teve outra alternativa o mago senão esboçar um sorriso, o que fez no fundo contente por ter se recomposto com o moderador de debates, de quem, se perdesse a amizade, estaria, quase literalmente, "no mato sem cachorro", e por ter partilhado com alguém o drama da duvidosa saúde psíquica da sua companheira. Ele de fato a conhecera há menos de um ano no Sul do país, no consultório de um psiquiatra que visitou, abalado pela traição da esposa logo depois da morte do filho em desastre de motocicleta. Como queria viajar para o extremo Norte e ela, solteira aos trinta e poucos anos de idade, estava desiludida com a existência por ter largado no meio um curso de medicina em consequência da 'esquizofrenia, convidou-a para acompanhá-lo sem compromisso de afeto, apenas como companheira de aventura, até porque nada tinha de romântico e, depois da decepção conjugal, passou a amar unicamente as artes divinatórias, endossando no íntimo a frase injusta de Schopenhauer: *"A mulher é um animal de cabelos longos e inteligência curta..."*

O dono do quiosque, pressentindo que estava prestes a ver os dois ilustres fregueses se despedirem, a fim de retê-los um pouco mais, e vender outras cervejas geladas, saiu do seu balcão e lhes ofereceu, em uma cuia artisticamente pintada por fora, iscas de tucunaré frito levemente temperadas com pimenta malagueta. Mastigando a primeira delas, o moderador de debates exclamou:

– Talvez eu deva mesmo ler as obras do Paulo Coelho. Talvez esteja me brutalizando na convivência com esses caboclos que se limitam a viver a vida como a vida se apresenta, sem qualquer preocupação metafísica. Ultimamente tenho pensado nisso, desde que o mendigo chegou aqui. Ah, os caboclos...

– São almas primitivas, ainda se encontram nas primeiras romagens reencarnatórias.

– Você acredita em reencarnação?

– Claro, todo mago que se preza acredita.

– Espere aí, você acabou de assegurar que quem morre não volta mais para este mundo.

– Eu disse que não volta por intermédio de uma outra pessoa, chamada médium, mas volta pelo renascimento em novo corpo físico.

– Você é católico?

– Sou!

– Isto não é uma incoerência?

– Não. No fim do Capítulo intitulado "O Criador e a Criatura", do livro *O diário de um mago*, de Paulo Coelho, é feita a seguinte pergunta: *"O que tem a ver a Magia com a Igreja Católica?"* Eis a resposta: *"Tudo."* A magia, tanto quanto o catolicismo, vive em função de três coisas: objetos sagrados, mistérios e rituais.

O moderador de debates se mexeu no tosco banco do quiosque, incomodado menos pela madeira áspera que generosamente sustentava a sua região glútea e mais pelas ideias que começaram a aflorar em sua mente lúcida, porém desacostumada a elucubrações de nível transcendental. Insistiu no diálogo agonizante que se desdobrou no seguinte pingue-pongue verbal:

– Escute, estou me sentindo meio embaraçado com os seus raciocínios que me parecem esconder uma contradição fundamental.

– Já lhe disse que isso é natural em quem ainda não deu os primeiros passos da sua iniciação nos arcanos das artes divinatórias. Se o senhor quiser, eu posso ajudá-lo a desvendar o véu das verdades ocultas.

– O que eu quero no momento é que você responda esta pergunta: se existe reencarnação, como existe o Inferno no qual acredita?

– Uma coisa não tem nada a ver com a outra.

– É lógico que tem.

– Não entendi aonde deseja chegar.

– Desejo chegar no dogma das penas eternas, que tem sede e fórum no Inferno.

– E daí?
– Você aceita este dogma, o das penas eternas?
– Aceito.
– E como explica?
– Dogma não se explica, é artigo de fé.
– Você é esperto. Acontece que, se existe a reencarnação, as penas eternas não podem existir.
– Por quê?
– Porque, através das vidas sucessivas, as almas das criaturas humanas vão cada vez mais se aprimorando, pela aquisição do conhecimento e da virtude, até se salvarem de si mesmas, pois Deus não castiga ninguém, nem de maneira perpétua, nem de forma passageira. Ele tem infinito amor por todos os seus filhos, e quem ama não maltrata, muito menos nega perdão em caso de arrependimento. Pelo menos isso é o que o mendigo anda ensinando na praça todo dia para os caboclos, desde que aqui chegou mês passado.
– Esse mendigo é um demente ou vigarista.
– Talvez. Mas está conquistando os caboclos e, se você não tiver cuidado, conquistará até a sua companheira...

Fez-se um longo e pesado silêncio na conversa em vias de conclusão, durante o qual o moderador de debates admitiu intimamente ter cometido uma gafe, visto não ser o mendigo muito velho e ser ainda jovem e bonita a companheira do mago; este também intimamente considerou que, se o mendigo lhe roubasse a acompanhante, faria um mau negócio. Metendo a mão no bolso para pagar a conta, disse o moderador de debates:

– Desculpe, foi uma brincadeira.

Levantaram-se e, quando iam saindo, com passos lentos, dois belos pássaros brancos pousaram no alpendre do quiosque, vindos de lados opostos; encolheram as asas, aproximaram-se um do outro movendo-se sem dificuldades sobre uma ripa de pau-rosa na beira do telhado, até unirem suas penas sob o sereno da noite de lua cheia.

Como as aves geralmente dormem em horas noturnas, aquilo era um sinal para o mago, todavia ele não percebeu...

2. Continuação da Narrativa

Quinta-feira, 02 de agosto de 2001.

Na véspera, o moderador de debates ligara de manhã cedo para Belém pedindo a um amigo, fissurado em computador, que obtivesse informações sobre Paulo Coelho e sua obra e lhe mandasse, logo no dia seguinte, pelo piloto do avião monomotor. Quando pegou com o piloto o jornal do dia anterior e um envelope do amigo de Belém, abriu pressuroso o envelope e leu o conteúdo em quatro folhas de papel que iniciavam com estes dizeres extraídos de um site da internet, em 30/07/2001:

Diário de um Mago
O que é a ordem de Ram?

Regnus Agnus Mundi é uma antiga ordem de origem católica, fundada em1492, que estuda a linguagem simbólica através de um sistema de ensinamento oral. Na verdade, mestre e discípulo são apenas rótulos para organizar o aprendizado, que se dá através de tarefas, onde cada um encontra sua própria resposta. A Ordem de RAM não tem sede, não possui conhecimentos ocultos, e parte do princípio que só se aprende quando se dá um passo adiante.

Existe uma maneira de participar da Ordem de RAM?

A Ordem é pequena, não ensina nada que você não possa aprender de outra forma. Não tenho a menor ideia se existe em diversas partes do mundo, já que meu único contato é com meu instrutor – o que sei, isto sim, é que muita gente anda dizendo que é da Ordem de RAM, sem que isto seja verdade. Não fique preso a este sistema de aprendizado, que funcionou muito bem para mim, porque estava no meu caminho, mas que só funciona para você se estiver no seu caminho. "Não há nada oculto que não venha a ser revelado", diz Jesus, e, prestando atenção aos sinais, chegaremos aonde temos de chegar.

Como fazer a peregrinação à Santiago de Compostela?

Por favor, visite a página do *Caminho de Santiago*. Lembre-se que os links colocados ali são de exclusiva responsabilidade das pessoas que os administram. Se algum link não estiver funcionando, favor avisar.

Os exercícios contidos no livro são para ser executados?

Depende de cada um. Uma única ressalva: o ritual do mensageiro não deve, sob nenhuma circunstância, ser executado. Ele está incompleto no livro, e não trará nenhum resultado positivo.

O ALQUIMISTA
Como compreender a linguagem dos sinais?

A linguagem dos sinais é a nossa maneira individual de conectar-se com Deus. Para aprender esta linguagem, é preciso desenvolver a intuição. Para desenvolver a intuição, é preciso não ter medo de errar.

O moderador de debates sentou-se em uma cadeira de embalo, depois de tomar conhecimento de tão curiosas informações, refletiu alguns minutos e deu partida à leitura costumeira de *O Liberal*. Na página 4 do caderno "Cartaz", edição de 01/08/2001, surpreendeu-se com a primeira notícia da coluna "Controle Remoto", assinada por Amélia Gonzalez e Helena Corrêa. Ei-la:

> **Mil Coisas**
> A tve espanhola não quer apenas co-produzir a minissérie "*O diário de um mago*". A direção do canal mostrou interesse em fazer um filme. A Globo, porém, tem os direitos de adaptação somente para uma minissérie.

Aquela notícia era para o moderador de debates um sinal.

Sentindo-se balançar entre o espiritismo kardequiano do mendigo e o catolicismo-mágico, ou a magia-católica, do seu oponente na discussão do Clube Recreativo Cultural, ele pensou:

"Esse Paulo Coelho talvez seja um profeta dos novos tempos e não só um escritor de excepcional talento. Não custa nada pedir para o piloto do teco-teco comprar para mim em Belém, quando

puder, os livros dele que estão obtendo tão espetacular sucesso. Vou fazer isso."

Fez no dia seguinte, aproveitando a ideia para encomendar também brochuras do padre Quevedo, de quem já ouvira falar.

A discussão do mendigo com o mago no auditório do Clube o impressionara vivamente. Fizera ressurgir no seu íntimo os interesses intelectuais da juventude, muito mais nobres do que os econômicos, admitia, pois não era comerciante por temperamento e vocação; se não fosse a flechada do índio caiapó no seu pai, hoje provavelmente estaria longe dali exercendo por concurso um cargo de juiz de direito na capital paraense. Talvez tenha sido melhor, pensa também o moderador de debates, lembrando a manchete de oito colunas em *O Liberal*. Para que ser juiz de direito em Belém ou outra qualquer metrópole do Brasil? Para colocar nas prisões apenas os negros e os pobres? Naquele município atrasado pelo menos a vida era bem mais limpa de poluição ética, e ele podia respirar agora o oxigênio das coisas espirituais. Depois desta reconfortante reflexão, desligou a tomada do pensamento filosófico e foi percorrer suas lojas de quinquilharias, com breve passagem pelo armazém de secos e molhados que também herdara.

O restante da nossa história deu-se como se encontra exposto nos capítulos que seguem, alinhados imediatamente após a devida identificação do mago, da médium e do mendigo.

3. O Mago

Os entendidos no assunto dizem que há magia branca e negra. Se este pressuposto está correto, existem magos bons e maus. O da nossa história não é uma coisa nem outra, ou é as duas coisas a um só tempo. No fundo é um sujeito vulgar, sem talento e cultura, nada parecido com o escritor Paulo Coelho: é um homem que, por motivo de frustração conjugal e profissional, ou de tédio, decidiu transcender os limites da condição humana. Sua consciência estrutura-se em valores conflitantes, claridades e sombras, e seus atos, consequentemente, são, ora altruísticos, ora egoísticos. Até determinado ponto podemos defini-lo como alguém que é sincero, embora não sensato.

Ele acredita no que pensa e faz. Há uns trinta anos, desde os albores da juventude, vem se dedicando às artes divinatórias. E porque consagrou tanto tempo a esse mister, acabou perdendo a esposa e fracassando como vendedor de carros, como gerente de supermercado, como corretor de imóveis, como supervisor de segurança de uma fábrica, como administrador de uma empresa de embalagens, como agente de anúncios publicitários e até como chefe de portaria de uma boate de grande luxo e nenhum pudor, destinada especialmente a turistas.

4. A Médium

A companheira do mago, como sabemos, bonita e bem mais nova do que ele, já cinquentão na idade, é uma pessoa de estranhas características psicológicas. Filha de um industrial gaúcho de largos recursos financeiros, recebeu fina educação na infância e adolescência, frequentando os melhores colégios, mas, a despeito disso, desenvolveu uma personalidade que muita gente considera psicótica, e no entanto nada tem de anormal, essencialmente.

Desde pequenina, quando ainda se rodeava de bonecas no quarto da luxuosa mansão paterna, andou às voltas com inexplicáveis variações de humor, passando por períodos de aguda depressão e exagerada euforia, de permeio com estados delirantes e fóbicos.

Nunca teve uma conduta que pudesse situá-la propriamente como louca, contudo sempre foi bastante diferente das pessoas tidas como normais. Suas crises melancólicas, seus medos avassaladores, suas reações inesperadas surpreendiam de vez em quando, mais do que isto, espantavam quem estivesse próximo, parentes ou vizinhos. Criança, frequentemente recusava-se a ir com os irmãos a festas de aniversário; quando ia e se enturmava no ambiente, no melhor da festa exigia que a mãe a levasse de volta para casa. Adolescente, perdeu todos os namorados com menos de dois meses de romance, porque não conseguia ser minimamente carinhosa. Iniciando a fase adulta, obteve, à custa de inauditos esforços nos estudos, vaga em uma faculdade de medicina, porém teve tantos problemas com os professores que preferiu abrir mão do sonho de ser médica. Sua vida sempre foi um rosário de complicações subjetivas e comportamentais, e, se não recorreu às drogas, nelas se viciando, foi porque uma força superior à sua vontade a deteve nos instantes mais desesperadores da angústia existencial. No entanto, é uma criatura dotada de tanta nobreza de caráter que jamais praticou intencionalmente um só ato lesivo a alguém: ama o próximo como deve e o ajuda como pode; tem agudo senso de responsabilidade moral no trato com os semelhantes; não deixa de pedir desculpas quando comete um erro; não tira proveito injusto de circunstâncias favoráveis; não engana os outros com palavras, nem sequer com silêncio: quando desgosta de uma coisa, diz de forma delicada mas direta, sem a menor preocupação pelas consequências da atitude digna, ainda que tenha de pagar um alto preço pela verdade, fiel, como diria um mago, à sua lenda pessoal. Estes são os traços dominantes da sua personalidade e talvez por causa deles seja considerada 'esquizofrênica'.

Como pode ter uma personalidade tão forte e simultaneamente tão fraca, sujeita a incoerências neuróticas e a surtos de fragmentação nos quais se comporta, aparentemente, expressando outra individualidade? Só tinha uma explicação para isso, a que lhe foi dada pelo mago: os demônios... Aceitou viajar com ele até a Amazônia não por amor, e sim por necessidade. Precisava se libertar dos transes mediúnicos inconscientes que a perseguiam desde os catorze anos e das visões que a atormentavam desde os sete. Valia a pena tentar a aventura, partilhando-lhe o leito sem compromisso de afeto, até porque o pior eram os sonhos insuportáveis, às vezes apavorantes, a cada semana mais nítidos, como se fossem vivências reais. No fim do último, ocorrido depois do debate do mago contra o mendigo, ao qual não compareceu por se achar febril e com dor de cabeça, viu claramente, pela primeira vez, um ser revestido de luz dizer-lhe:

– Foi uma pena você não ter ido ao auditório do clube assistir à polêmica. Lá conheceria o homem que vai mudar o curso da sua vida, libertando-a do sofrimento. A Providência Divina quer que tal coisa aconteça. Mantenha-se aberta a surpresas neste lugar, sem nenhum preconceito e sem precipitações. Na hora certa, agirei sobre você através da intuição, fazendo-a cruzar o caminho do homem ao qual me refiro. Confie em Deus e não fale deste sonho a ninguém.

5. O Mendigo

O mendigo da nossa história não é um velho doente. Tem uns sessenta e poucos anos de idade; de estatura um pouco mais que mediana, magro porém saudável, sua fisionomia austera irradia não apenas saúde física, mas sobretudo mental. A rigor não deveria ser classificado como mendigo, porquanto ninguém o viu pedindo esmolas: é tido como tal porque anda sempre descalço, traja um paletó rasgado e, quando deixa a praça, transita pelas ruas como se fora um vagabundo, sem pressa e feliz, de paz com a vida. Se lhe fazem perguntas sobre isto, ele responde que é, tão simplesmente, um contemplativo vagamundo, ou seja, alguém que resolveu não se fixar em local nenhum, como a Ordem de RAM do Paulo Coelho, alguém que não aprecia permanecer mais de dois ou três meses no mesmo lugar e que, desinteressado de poderes mágicos, encontra-se presentemente fazendo peregrinação nada mística pelos Caminhos dos Rios Amazônicos em busca da mais preciosa das virtudes, a humildade.

6. O Encontro Anunciado em Sonho

Sexta-feira, 03 de agosto de 2001.

São seis horas da tarde quente de verão. A companheira do mago está cansadíssima, pois, livre da febre e da dor de cabeça, passou o dia todo auxiliando-o a preparar, com arrumações e cuidados decorativos, a sala de pintura berrante alugada para cursos e consultas.

– Vamos parar? – disse. E aduziu: – Estou exausta, com a garganta seca. Que tal irmos tomar um sorvete?

Deram os retoques finais na sala, fecharam-na, desceram um lance de escada escorregadia e saíram do prédio de dois andares sob a brisa fresca que sopra infalivelmente ao entardecer em todas as pequenas cidades do interior amazônico. Iam dobrar a primeira esquina a fim de procurar a sorveteria, mas, de repente, ela teve um estalo intuitivo e preferiu dobrar outra mais além; quando o fizeram defrontaram um grupo de pessoas que vinha em direção oposta, dentre elas o moderador de debates e o mendigo. Era outro sinal que o mago, com toda sua sabedoria iniciática, novamente não percebeu. A sua companheira, porém, sentindo um calafrio na nuca, teve a sensação de algo incomum, o pressentimento de que naquele grupo de pessoas caminhava o homem anunciado no sonho, capaz de mudar o seu destino. O mago cumprimentou com ligeiro aceno o moderador de debates, e a companheira, passos a frente, indagou quem ele era:

– É o presidente do clube no qual fiz o debate com o mendigo que vai atrás dele. Disseram-me que se trata do sujeito mais ilustrado daqui, e eu comprovei isto diante de uma cervejinha gelada. Parece estar começando a ter algum interesse pelas questões da espiritualidade, não é de todo leigo no assunto. Nunca julguei descobrir em um local como este um cara assim, principalmente sendo endinheirado comerciante. É exportador de borracha, tem lojas e armazém, todo mundo o conhece e respeita.

Depois de saborear um delicioso sorvete de cupuaçu, a companheira do mago, já no hotel de nenhuma estrela onde se hospedaram, testou a popularidade do moderador de debates, solicitando a uma camareira informações a seu respeito. Entre outras coisas, soube que ele era viúvo, detalhe significativo em face do sonho.

Começou a médium a arder de curiosidade, contudo logo decidiu que não faria ao mago nenhuma pergunta mais sobre o moderador de debates, porque, se o fizesse, o companheiro iria querer saber a razão do seu interesse por ele. Como detestava mentir e tinha recebido recomendação de não contar o sonho a ninguém, resolveu esperar novos sinais...

7. A Linguagem dos Sinais

Ainda sexta-feira, 03 de agosto de 2001.

Cada vez mais aumenta e se intensifica a eloquência misteriosa da linguagem dos sinais, que fala para quem sabe ouvir a voz simbólica do seu silêncio. Hoje ela influencia ainda mais o moderador de debates, que leu em *O Liberal* de ontem esta curta nota na primeira página:

> FREIRA SIMULA SEQUESTRO PARA ESCONDER QUE ESTAVA GRÁVIDA
> Descoberta a farsa, a freira quer rever o filho, entregue a um perueiro logo após o parto escondido.

Coisa curiosa!
Justo quando o moderador de debates começa a se debater consigo mesmo para fazer uma opção entre a magia-católica do possível profeta

dos novos tempos, Paulo Coelho, e o espiritismo-kardequiano do mendigo vagamundo, chega às suas mãos, ou melhor, aos seus olhos, a nota do jornal paraense que domina a mídia impressa do Estado.

Seria um sinal?

Viriam outros?

Não era supersticioso. Aguardaria para tomar uma decisão consciencial em torno do assunto, até porque devolvera para o mendigo o volume de Allan Kardec, intitulado *O livro dos espíritos*, sem fazer uma leitura atenciosa de todas as suas páginas, e ainda não consultara as grossas brochuras do teólogo do catolicismo atualmente mais festejado, o famoso padre Quevedo.

Precisava, antes de escolher para si uma filosofia ou outra, amadurecer as ideias, aprofundando conhecimentos através de um estudo comparativo imparcial.

Sabia, graças ao bom senso, que tanto o catolicismo, quanto o espiritismo, como construções teóricas, são algo muito diverso do que ordinariamente as pessoas julgam.

Daria tempo ao tempo para abraçar uma crença espiritualizante de que começava a sentir falta. Analisaria com toda calma, judiciosamente, o conteúdo das duas doutrinas divergentes sobre o sentido da vida neste mundo e o destino dos seres no outro. Por que pressa? Começou como comerciante de uma hora para outra, por imperativo da sorte, aliás do azar de seu genitor, e não se sentia realizado; então, deveria começar de outra maneira, inversa, como pensador filosófico...

Já que era homem prático, esperaria também a sucessão dos acontecimentos. E já que provavelmente demoraria uma ou duas semanas para ter os livros do Paulo Coelho e do padre Quevedo, lendo só *O Liberal* haveria de descansar a mente da reflexão metafísica incômoda, isso pelo menos por uns dez dias. Seria bom, pois convinha concentrá-la no plano do pensamento objetivo, especialmente o relacionado com o tema administrativo, ou político, porquanto o prefeito terminara de lhe comunicar a disposição de enfrentar o mendigo domingo próximo, em mais uma tertúlia polêmica no Clube Recreativo-Cultural. Como presidente, cabia-lhe preocupar-se logo com os preparativos do entrevero, para o qual só faltavam dois dias. Cogitações filosóficas ficariam para depois...

8. Um Sinal Desconcertante

Sábado, 04 de agosto de 2001.

O moderador de debates pegou *O Liberal* do dia precedente para ler rápido, porque tinha muita coisa a fazer, tendo em vista a discussão à noite do dia seguinte. Estava certo de que somente depararia com matérias noticiosas rotineiras, banais, em nada referentes a assuntos metafísicos e filosóficos, até porque estas são raras na imprensa. Eis o que leu na página dez do caderno "Painel":

> **CACHORROS E GATOS**
> **VÃO PARA O CÉU?**
> Enquanto nove de cada dez norte-americanos acreditam no Céu, quase a metade (47%) dos donos de cachorros e gatos acreditam que seus bichos de estimação os acompanharão no Para-

íso, segundo uma recente pesquisa da ABC News e Beliefnet. Porém, 40% dos entrevistados acreditam que isto não é possível e que o Céu está reservado apenas para os seres humanos. Finalmente, 41% das pessoas consultadas acreditam que todos os animais, e não apenas os domésticos, podem entrar no Paraíso.

Era um sinal para o moderador de debates. Porém tão desconcertante que só lhe suscitou um pensamento: ser religioso, raciocinando sobre os dogmas das seitas tradicionais, é bem mais difícil do que sobreviver como exportador de borracha na Amazônia, em época de crise econômica...

9. Uma Ideia Salvadora da Pátria

Segunda-feira, 06 de agosto de 2001.

O moderador de debates, na varanda espaçosa da sua residência, de onde podia escutar o canto dos passarinhos, meditava, rememorando momentos da discussão do mendigo com o prefeito na véspera, domingo, que fora sensacional, segundo os caboclos, alcançando realmente um êxito estrondoso. Apesar de comerciante, era um homem sensível às questões filosóficas, conforme já vimos, e um homem assim vez por outra medita. E ele meditava. Não somente no que ouvira no auditório do clube na noite do dia precedente, mas ainda no que acabara de ver em *O Liberal* do mesmo domingo.

Eram muitas coincidências juntas...

Na página 9 do caderno "Atualidades", toda ela dedicada, consoante o seu primeiro parágrafo, a *"Um dos mais hediondos crimes em série prati-*

cados no país, o de sequestro, tortura, castração e morte de pelo menos doze crianças entre 8 e 13 anos no município de Altamira, no sudoeste do Pará", leu o moderador de debates o seguinte, desprezando outros tópicos:

Assassinatos Envolvem Magia Negra e Contrabando de Órgãos

Magia negra, pacto com o diabo, contrabando de órgãos? Nas quatro mil páginas do processo, essas versões aparecem em diversos depoimentos de testemunhas. Os acusados, obviamente, negam tudo. A vidente Valentina Andrade, por exemplo, durante seu interrogatório, apresentou uma versão filosófica para o seu envolvimento no caso. Uma coisa ela confirmou: a utilização de capuzes durante os rituais.

Então, aturdido naquele instante com tais informes, resolveu o moderador de debates oferecer um repouso para o seu cérebro fatigado, e, somente quando os pássaros silenciaram a flauta da garganta, meia hora depois, voltou a fazê-lo funcionar, assim mesmo rememorando apenas a parte final do entrevero do mendigo com o prefeito. Nele tomara conhecimento de uma ideia salvadora da pátria brasileira. Se a mesma era sábia ou maluca ignorava, mas que era inteligente e originalíssima, era. Aquele mendigo simpático tinha cada uma... Se fosse de fato um mero vagamundo, como costumava dizer com serenidade de monge e convicção de guerreiro, e não um consumado vagabundo, ou criminoso em fuga, conforme insinuava o mago, talvez mais do que este pudesse guiá-lo em busca da verdade que conduz à fé. Ele, seguramente, estava em um momento especial de sua prosaica vida de exportador de borracha e vendedor de quinquilharias e secos e molhados; precisava de uma crença racional-religiosa, como a de Allan Kardec, ou emocional-mística, como a de Paulo Coelho. Tinha de escolher um caminho para ver no que dava, seguindo os passos do mendigo ou do mago. Todo homem tem o seu caminho espiritual, ou a sua lenda pessoal, e não deve ficar inerte, tem de dar passos, desvendando mistérios e revelando, ou ocultando, as descobertas. Haveria de identificar o seu caminho, as forças do Além lhe dariam os sinais...

    Ocorreu-lhe de súbito este pensamento, engraçado ou lógico: um sujeito como o mendigo, capaz de conceber uma ideia tão original, embora absurda e inaproveitável, para a salvação do Brasil, tem mais valor do que um mestre de grau máximo na tradição da Ordem de RAM, capaz de transformar chumbo em ouro...

Demorou refletindo no assunto até a lua aparecer qual um lampião, iluminando palidamente a floresta imensa e impenetrável, senhora de tantos segredos quanto a magia. Aí, não sentindo no coração qualquer presságio, bom ou mau, sorriu para si mesmo esperançoso de perlustrar o caminho da luz; afastou-se da varanda arejada por quatro janelas e, em outro aposento, contíguo, ligou um gravador para se distrair com o trecho final da fala do mendigo, destroçando os argumentos do prefeito no debate da véspera. Eis o que ouviu:

– Há meio século, desde quando era jovem, ouço a conversa fiada dos dirigentes deste país, onde, em matéria de política, búfalo anda de bicicleta e piranha é peixe ornamental...

"Eles, com raríssimas exceções, lembram com seus discursos inflamados e candentes um trocadilho de Platão: 'Os sábios falam porque precisam dizer alguma coisa, os tolos dizem uma porção de coisas porque precisam falar...'

"E o pior é que uma boa parte dos nossos governantes, salvo melhor juízo, quanto mais fala, mais mente. Mente tanto que acaba acreditando na própria mentira. Assim, a verdade nem sempre é dita nas tribunas oficiais do poder legalmente constituído. Eu a direi aqui e agora, na excelentíssima condição de suposto mendigo. Ei-la:

"O Brasil há muito tempo caminha tropeçando na estrada do progresso por que pretende ser um pais capitalista sem ter capital.

"Os nossos políticos sabem disso, mas não dizem ao povo, apenas lhe pedem votos a fim de exercerem novos mandatos absolutamente inúteis. Enquanto, depois de cada vitória eleitoral, vão empurrando com a barriga cheia o drama das multidões famintas; enquanto deixam para o futuro uma reforma agrária que já devia ter sido feita há cinquenta anos, evitando o inchaço populacional das metrópoles e suas consequências desastrosas em termos de desemprego e criminalidade; enquanto cruzam os braços frente aos escândalos da corrupção, o país, "gigante deitado em berço esplêndido", continua dormindo e não acorda para a realidade da vida moderna. Precisamos de dinheiro para resolver os nossos grandes problemas, determinantes do subdesenvolvimento econômico e social. Por que, então, não vendermos para a os judeus ricos a metade do território da Amazônia, antes que os seus irmãos israelitas iniciem no Oriente guerra atômica com os árabes, e acabem envolvendo o resto da humanidade em uma catástrofe suficientemente poderosa para desintegrar o planeta, transformando-o em poeira cósmica.

"Que mal nos faria vender a metade do território amazônico, tão gigantesco, com mais de cinco milhões de quilômetros quadrados? Não temos como povoar nem dez por cento dele nos próximos duzentos anos e podemos imaginar que, por efeito da globalização cada vez maior, irreversível, dentro de pouco tempo esse negócio de patriotismo, moeda, hino e bandeiras nacionais desaparecerão sem deixar saudade...

"Afora isso, que pode até vir a ser, após inevitáveis desacertos e dissabores, o primeiro passo de uma nova era da história humana, rumo à fraternidade universal, os judeus são um povo ligado à nossa cultura, têm bons costumes morais e possuem largos conhecimentos científicos e tecnológicos; sua vizinhança nos seria de grande utilidade para o progresso.

"É incrível como até hoje nenhum político ou sociólogo brasileiro viu isto: a possibilidade de resolvermos o nosso problema fundamental, determinante de todos os outros, a pobreza da maior parte do povo brasileiro, ajudando os judeus a resolverem o problema básico deles, que é a milenar briga com árabes, ameaçadora do destino da humanidade.

"Raciocinemos corajosamente, sem falso pudor: o que mais precisamos é dinheiro, e isto os judeus têm de sobra; o que eles mais necessitam é território, e isto possuímos também de sobra. Por que então deixar de fazer a troca mutuamente benéfica?

"Com os bilhões de dólares dos judeus construiríamos escolas, hospitais, habitações, rodovias e outras tantas obras de utilidade social. Por meio de irrigações converteríamos em um jardim todo o Nordeste, onde tradicionalmente a seca lança na pior miséria milhões de agricultores e suas famílias.

"Com um terço, ou um quinto das glebas amazônicas os judeus poderiam instalar o Estado de Israel em uma enorme região onde a natureza é fértil e dadivosa, encontrando, afinal, a terra prometida segundo as anotações proféticas do Velho Testamento bíblico.

"Ouçam os que têm ouvidos de ouvir...

"E ninguem me queira mal por dizer o que penso honestamente, ciente de que serei considerado impatriota ou maluco, pois, apesar de bom brasileiro, sou acima de tudo um ser humano criado por Deus, amante de sua obra, a natureza, da qual toda a humanidade é parte integrante.

"Até quando o vesgo nacionalismo fechará a visão da nossa inteligência para a beleza da fraternidade universal?"

Assim falou o mendigo vagamundo, fazendo, para a plateia de caboclos que novamente o aplaudiu com entusiasmo, um sinal de agradecimento e ternura.

10. Perguntas sem Respostas

Quarta-feira, 08 de agosto de 2001.

Era impressionamte, absolutamente inexplicável, como se sucediam no jornal as notas, sueltos e reportagens referentes ao assunto que martelava a cabeça do moderador de debates naqueles dias. Ainda hoje novamente lera em *O Liberal* de ontem uma notícia sobre o escritor Paulo Coelho, contida na página 2 do caderno "Cartaz", coluna intitulada "Danuza", de autoria da Danuza Leão, Priscila Monteiro e Carlos Henrique Braz.

A notícia abordava uma possível disputa de Paulo Coelho com Zélia Gattai na Academia Brasileira de Letras, para preenchimento da cadeira ocupada pelo grande romancista Jorge Amado.

O curto texto nada tinha de filosófico, metafísico, mas se ligava a um autor que disputava com Allan Kardec, na mente do moderador de debates, a representação da verdade, em termos religiosos.

Ele, o moderador de debates, por saber das coisas do mundo civilizado unicamente através de *O Liberal*, desconhecia uma outra nota do mesmo gênero a respeito de Paulo Coelho saída na imprensa semana passada, esta que a *Folha de São Paulo* publicou dia 1º de agosto corrente no caderno "Folha Ilustrada", coluna de Mônica Bergamo:

COELHO NA TOCA

Está causando desconforto a candidatura do escritor Paulo Coelho a uma das 40 cadeiras da ABL, Academia Brasileira de Letras. É que a tão desejada vaga só vai surgir com a morte de um dos escritores. "É horrível. Não acredito que uma pessoa de sensibilidade como o Paulo Coelho, que se comunica com o além, queira ser deselegante", diz o escritor e acadêmico Josué Montelo.

O autor de "*O alquimista*" esclarece que sonha em entrar na ABL só daqui a quatro anos. Se a vaga não surgir até lá, paciência. "Espero mais quatro", diz Coelho. "Se depender de mim, não quero

> que nenhuma vaga seja aberta. Eu gosto muito das pessoas que estão lá".
>
> Coelho também encontra resistência no grupo da escritora Rachel de Queiroz. Ela já declarou que tentou ler um livro dele, mas não conseguiu passar da página oito.

Desconhecia tal nota, o moderador de debates, no entanto, lendo a outra, de *O Liberal*, estranhou muitíssimo que o autor de *O diário de um mago* e *O alquimista* estivesse com o seu nome cogitado para a disputa da cadeira de Jorge Amado na Academia Brasileira de Letras, porque, afinal de contas, o imortal escritor baiano acabara de morrer, seu cadáver ainda nem havia esfriado completamente para a cremação, conforme a notícia do velório, na mesma edição do referido jornal.

"Como é triste a vaidade humana..." – pensou o moderador de debates. E, meio macambúzio, foi espairecer o espírito bebendo uma cerveja gelada no quiosque, perto da ponte, o qual adorava pela ventilação vinda do rio e onde estivera antes com o mago. Lá, frente a um copo com líquido espumante e uma cuia cheia de iscas de peixe frito, voltou a rememorar os acontecimentos de domingo à noite, não no Clube Recreativo-Cultural,

e sim na sorveteria em que tomou dois refrescos de bacuri com o mago e sua companheira, após a discussão entre o prefeito e o mendigo.

Ela, a companheira do mago, era para aquele lugar, e para a sua viuvez, mais do que uma mulher bonita... Os olhos azuis pareciam dois fragmentos do céu; os cabelos longos, amarelos e sedosos não refletiam a coloração da mandioca antes de virar farinha, pareciam ouro nascido de algum milagre da alquimia; o rosto alvo, que dava a impressão de não ter sido beijado pelo sol há tempos, tanto lembrava, pelos seus contornos delicados, uma santa da igreja católica quanto uma iara dos igarapés amazônicos; os lábios vermelhos como o açaí davam a ideia de serem mais doces do que biribá bem maduro; o corpo esbelto de bailarina apresentava uma elegância sóbria, não afetada, dessas que convida à máxima admiração; no todo, no conjunto dos traços físicos, era uma mulher linda, além de jovem, pois ainda não devia ter chegado aos trinta e cinco anos de idade.

E sua alma como seria?

Se tinha relacionamento com demônios, não devia ser lá tão pura!...

De qualquer maneira, uma espécie de sexto sentido, ou algo semelhante, dizia-lhe que ela estava com algum interesse nele e o mendigo estava com algum interesse nela...

Notara, durante a discussão do prefeito com o mendigo, que este vez por outra fixava seus olhos serenos na mulher do mago, sentada na primeira fila do auditório ao lado do companheiro iniciado na *tradição* da Ordem de RAM. Teria o mago observado isso?

O moderador de debates começou a bebericar a segunda cerveja gelada lenta e automaticamente, ruminando ideias confusas qual se fora um boi a mastigar com preguiça o pasto do campo. Seu olhar vago, perdido na direção do rio, buscava respostas para estas perguntas:

Por que o jornal que costumava ler, de repente, passou a publicar quase todo dia notícias relacionadas com magia e catolicismo? E notas que tinham relação direta ou indireta com o escritor Paulo Coelho?

Por que também, nos últimos tempos, lhe chegaram, através de *O Liberal*, notícias de fatos sociológicos que endossam a irreverente tese do mendigo para a salvação nacional?

Por que ali se encontrava pensando simultaneamente em tantas coisas subjetivas e em uma concreta, a beleza fascinante da companheira do mago?...

11. Iniciação à Magia

Sexta-feira, 10 de agosto de 2001.

O auto-falante do mercado amanheceu fazendo propaganda do curso de iniciação à magia que terá início na próxima segunda-feira, e será, todo ele, baseado no livro *O diário de um mago*, de Paulo Coelho, o mesmo autor de *O alquimista*, como sabemos.

O mencionado curso deveria começar amanhã, aproveitando o final da semana vazio de lazeres, pois a sala onde terá a sua realização está pronta há dias, mas o mago resolveu dar partida às aulas somente segunda-feira, por ser 13 de agosto, data cabalística garantidora de poderosas energias astrais.

São seis horas da tarde, e a novidade se espalhou celeremente como um rastilho de pólvora aceso entre os habitantes da cidade, que, de tão pequena e pobre, mais parece uma aldeia. Em um vilarejo do porte deste da história que contamos, a informação social se desdobra com a rapidez de relâmpago: a teia dos contatos humanos se afigura um tecido musculoso de eficiente capilaridade sanguínea, no qual os vasos comunicantes se encontram sempre desobstruídos. Uns oitenta por cento da população cabocla já tomou conhecimento do curso, que tem número de vagas limitado apenas pelo tamanho do local onde será levado a efeito; como, afora o pagamento das inscrições, nada é exigido dos participantes, muita gente está querendo assistir às aulas, que conterão exercícios para desenvolver dons parapsicológicos insuspeitos pelas pessoas não iniciadas nos mistérios da magia.

Na praça em que o mendigo costuma fazer ponto, um menino, de perna manca, mas bastante ativo e bem pago, distribui folhetos mimeografados anunciando que tais exercícios serão os do volume *O diário de um mago*. Estes: "O exercício da semente, da velocidade, da crueldade, da água, do enterrado vivo, das sombras, da audição e da dança."

Alguns caboclos reunidos na proa de uma igarité que descarrega na ponte peixes, frutas e mariscos, comentam e discutem os exercícios sem conhecê-los.

– Devem ser bons. – opina o mais idoso. – O da semente talvez nos ajude no plantio de macaxeira! – acrescenta.

– Para que o da velocidade? – pergunta o outro, arrematando – Aqui nós nunca temos pressa para nada...

Declara o terceiro:

– Esse negócio de exercício de crueldade, do enterrado vivo, das sombras, não pode ser coisa que preste.

Afirma o último:

– Mas o da dança deve ser pajureba, se o ritmo for siriá ou carimbó.

O caboclo que falou em terceiro lugar, do alto de sua autoridade como filho de um pajé famoso, conhecido em toda a região, surpreendeu os demais abrindo o verbo contra o mago:

– Esse sujeitinho ordinário, que tem os olhos acesos como o Mapinguari no mato, é um lambanceiro, um enganador, desde que chegou aqui vem engabelando todo mundo. Não precisamos dele para coisíssima nenhuma. Temos os nossos pussangueiros que curam espinhela caída com chá de plantas; que curam mau-olhado com galho de arruda batido na testa e na nuca; que curam rasgadura de carne costurando um pedaço de pano benzido; que curam torcedura de pescoço com uma faca virgem; que curam verruga jogando sal no fogo; que curam ferida podre com copaíba e inchação com andiroba.

O caboclo que falou em segundo lugar concordou e completou:

– Isto é verdade. Os nossos catimbozeiros curam tudo sem precisar dessa tal de magia. Com benzedura, fricção, emplastro, óleo de linhaça, grelo de malvarisco, fazem desaparecer tudo quanto é doença: ramo de ar, nó na tripa, campainha arriada, unheiro, panariço, mãe do corpo, chicote, dor de madre, falta de ar, quebradura no corpo, barriga d'água e até encosto. Por falar em encosto, eu aposto que o mendigo chegado entre nós antes desse mago é melhor do que ele para afastar os maus espíritos. Vocês sabem o que o mendigo fez um dia desses?

O caboclo que falou em terceiro lugar, filho do pajé, voltou à sua impiedosa crítica contra o mago. Apontando para a floresta do outro lado do rio, despejou dos lábios carnudos o seguinte:

– Antes que o curupira pule na sapopema daquela samaumeira esse mago vai ser destruído. E talvez por mim, que não gosto do jeito dele de olhar as pessoas. Também sou escolado em feitiçaria, aprendi com meu pai, que aprendeu com o meu avô. Minha mãe garantia que eu tenho a força do Além porque chorei na barriga dela.

O caboclo mais idoso deu uma risada irônica, mesclada de bom humor, e resolveu cutucar com vara curta o filho do pajé:

– O mago, com seus poderes e rituais secretos, é mais forte do que você, isto a gente nota pelos olhos dele que parecem até olhos de boto. Como você poderia destruir o mago, se é um chorão desde o tempo em que estava na barriga da sua mãe?...

Revidou o caboclo que se fez inimigo gratuito do mago:

– Você não sabe do que serei capaz se quiser destruir alguém como esse mago. Pego uma panela de barro, encho de mijo de onça e ponho para ferver em fogo de lenha seca no quintal do meu tapiri, à noite, quando a lua for de quarto minguante. Ponho na panela couro de cobra, para ele ter um cobreiro. Ponho patas de aranha, para ele ficar encarangado. Ponho folhas de jurubeba, para ele sentir a pele queimar. Ponho sovaco de mucura, para ele ficar fedorento. Ponho baba de jiboia, para ele ficar enjoado de tudo. Ponho dente de preguiça, para ele ter mofineza. Ponho formigas tucandeiras, para ele sentir ferroadas. E ponho um macaco-prego morto e capado, para ele não ser mais homem...

Sorrindo, um dos caboclos ponderou:

– Eu só queria saber como você vai conseguir o mijo da onça...

Em outro local bem distante dali, naquele exato momento, o moderador de debates também sorriu, embora de outra forma, recebendo uma inesperada visita da companheira do mago que lhe fora levar uma ficha de inscrição para o curso de magia.

– Você dará alguma aula? – indagou sem malícia, puxando conversa.

Ela demonstrou compreender a sua intenção, ou falta de intenção, e ia dizer que não entendia nem gostava de magia, quando, inopinadamente, teve um leve tremor em todo o corpo, da cabeça aos pés. Fitou-o de maneira esquisita, pestanejando exageradamente. Seus olhos azuis brilhavam de modo diferente nas variações da cor natural; de súbito se fecharam e ela estremeceu mais intensamente. O belo rosto contraiu-se e tornou-se arroxeado, perdendo a brancura. Os dedos da mão, os pulsos e os braços foram entortando. Os minutos escoavam como prenúncio de tragédia demoníaca...

De repente a companheira do mago explode em transe convulsivo, com esgares fisionômicos e suando por todos os poros. Começa a gritar maldições. A cena era desesperadora e patética.

O Mago e o Mendigo

Entendido tão só em assuntos comerciais, e ultimamente em primárias cogitações filosóficas, o moderador de debates, perplexo, gritou para dois empregados conterem os gestos bruscos da médium, agarrando-a, e mandou um outro sair às pressas procurando o mago. Antes deste vir socorrê-lo com os seus miraculosos poderes e conhecimentos das artes mágicas, que seriam ensinados no curso, a médium desvencilhou-se do aprisionamento e saiu correndo como louca pela rua. O moderador de debates e os dois empregados seguiram a companheira do mago de igual modo, correndo, mas apenas perto da praça puderam detê-la. O mendigo, que já ia deixando o local em que fazia ponto e se dirigia naquele entardecer para o fim da praia, lugar ermo, deserto, onde dormia e tomava banho de madrugada, viu os quatro e se aproximou do grupo; parando bem junto, fitou a companheira do mago centrando seu olhar sereno e calmo no dela, flamejante de cólera, com os globos oculares revirando nas órbitas. Colocando a destra firmemente na fronte da companheira do mago, o mendigo pronunciou uma única palavra, em tom imperativo:
– Sai!!!

Incontinente a mulher sob possessão supostamente demoníaca despertou, liberta do seu desvario.

O moderador de debates, atônito, não querendo acreditar no que acabara de ver, perguntou ao mendigo:

– Como você conseguiu tão ligeiro expulsar o demônio?

Desta vez foi o mendigo quem sorriu e, também não querendo acreditar no que houvera feito, disse:

– Demônios não existem. Você saberia disso se tivesse feito uma leitura atenciosa de todas as páginas daquele livro que lhe emprestei.

Depois destas curtas expressões, o mendigo meteu a mão no bolso do paletó, retirou dele o exemplar de *O livro dos espíritos*, de Allan Kardec, que sempre o acompanhava, e suplementou:

– Se eu lhe emprestar de novo, vai ler com atenção todo ele?

– Desta vez, vou sim! – redarguiu o moderador de debates, pegando a obra e pensando em comparar os seus ensinamentos com as teorias do escritor Paulo Coelho e do padre Quevedo, cujos livros já tinha encomendado ao piloto do avião teco-teco que fazia a ligação do município com a capital paraense.

O Mago e o Mendigo

O mendigo, imperturbavelmente, afastou-se na direção da praia, com os passos vagarosos dos pés sempre descalços.

O moderador de debates, seus dois empregados e a companheira do mago entreolharam-se confusos.

A lua cheia, eterno candeeiro da selva amazônica, surgiu no céu por trás de nuvens pardacentas. Era outro sinal...

12. Segredos

Domingo, 12 de agosto de 2001.

Depois que almoçou uma suculenta maniçoba, esvaziando na sobremesa uma cuia-pitinga cheia de bacaba, o moderador de debates ficou se embalando na rede mais de duas horas, fazendo seu habitual exercício de rememorações, em nada semelhante aos exercícios preconizados no livro *O diário de um mago*.

Alegrou-se por ter ido ao aeroporto na manhã do dia precedente a fim de solicitar ao piloto do avião teco-teco que apressasse a compra em Belém, para ele, das obras do escritor Paulo Coelho e do padre Quevedo. Na oportunidade, não apenas reforçou a encomenda feita, foi mais específico e prático: entregou ao piloto quinhentos reais, autorizando-o a ficar com o troco após adquirir pelo menos três brochuras de cada um desses dois autores, junto com outras três de Allan Kardec.

Ficou bastante satisfeito em ter tomado tal providência, porque, afinal de contas, já era tempo de fazer uma opção religiosa ou filosófica. Depois do que testemunhara no entardecer da última sexta-feira, tinha de escolher entre o caminho de fé do mago e o do mendigo. O piloto lhe garantiu que, até a próxima quarta ou quinta-feira, no máximo, poria em suas mãos os nove volumes; para tanto visitaria, na capital paraense, as melhores casas vendedoras de livros. Isso era ótimo, ele poderia dedicar o vindouro fim de semana a uma análise imparcial das duas correntes de ideias, comparando os princípios básicos de uma com os da outra. Até então não havia sido nada em matéria de crença religiosa, mas ao término de tal comparação seria um bom esotérico-católico como o mago ou um 'espírita-kadercista' como o mendigo.

Lembrando-se do mendigo, se sentiu um pouco culpado por não ter lido da outra vez toda a obra que ele lhe emprestara, *O livro dos espíritos*, privando-o agora de tê-la no bolso do paletó rasgado para distrair-se, consultando-a. Poderia iniciar a leitura logo – pensou –, porém seria melhor que o fizesse somente quando lhe chegasse os tomos do Paulo Coelho e do padre Quevedo, tendo em vista a necessidade do estudo comparativo.

O Mago e o Mendigo

Sendo assim, devolveria no dia seguinte *O livro dos espíritos* para o mendigo, que parecia ter pelo volume um enorme apreço e um carinho muito especial.

Fez estas ociosas reflexões, o moderador de debates, e, desenrolando mais linha do carretel rememorativo, recordou a chegada da médium ao seu escritório, no fim da tarde de sexta-feira, quando ela lá foi procurá-lo para saber se queria inscrever-se no curso de iniciação à magia. Por que o mago não foi em seu lugar? Será que ela estava particularmente interessada nele? Será que o mago tinha por costume usar sua beleza sedutora para obter apoios importantes?

O moderador de debates sempre fora um homem sério, principalmente em questões amorosas. Mulheres nunca constituíram o seu fraco, tanto assim que vivera vinte e três anos com uma única, falecida há poucos meses, de quem tinha saudades. *Mas nenhum homem é de ferro...* – considerou, sendo honesto consigo mesmo. Levantou da rede, foi fazer a barba e se admirou por prestar atenção, diante do espelho, a uma ruga despontando-lhe no rosto.

Daqui a uns dez anos começarei a envelhecer. – imaginou. *Nada pior do que a solidão...* – continuou imaginando. E prosseguiu na divagação:

"Preciso mesmo enveredar por um caminho espiritual. Ou preciso de uma nova esposa. Ou preciso das duas coisas..."

Acabou de fazer a barba, tomou banho e resolveu dar um passeio ao longo da praia a fim de espairecer o espírito, distraindo-o, naquela tarde quente de domingo em que nada tinha para fazer.

Caminhou pela margem do rio, refrigerando-se com a brisa fresca sem lograr esquecer a imagem da médium, sobretudo a sua face lívida e linda após o brusco afastamento, perto da praça, do demônio cuja existência o mendigo negou.

Como eram lindos os seus olhos azuis... Estaria ele fascinado por aqueles olhos? Este era um assunto que necessitava tirar a limpo, tanto quanto necessitava manter em segredo...

Grampeando apostilhas do curso que iria iniciar no dia seguinte, o mago, exatamente no mesmo instante, defendendo-se do calor com dois ventiladores em funcionamento na sala das aulas, igualmente medita no seu segredo: o muiraquitã. Sua companheira de viagem, a médium, sabia que ele estava fazendo uma peregrinação sagrada pelo Caminho da Floresta Amazônica, com o objetivo de desenvolver poderes mágicos até o ponto de atingir o grau de mestre na *tradição* da Ordem de RAM, mas não sabia, ignorava por completo, que o derradeiro passo da peregrinação sagrada, dirigida por sinais que só um mago percebe e decifra, seria a descoberta e posse do lendário amuleto conhecido pelo nome de muiraquitã. Ele nunca lhe dissera nada sobre este detalhe, nem poderia dizer a ninguém, porque um mago que se preza deve conservar em segredo tudo sobre o objeto garantidor dos poderes que enriquecem a sua lenda pessoal. Ele, segundo a intuição que tivera e guardara em total sigilo, encontraria a sua pedra mágica, o muiraquitã, no Caminho da Floresta Amazônica, no Brasil, como o Paulo Coelho encontrou a sua espada no Caminho de Santiago de Compostela, na Espanha. Para tanto, teria que dar os passos, guiando-se por sinais, qual fez o autor de *O diário de um mago*, e, no momento certo, no lugar certo, as mãos certas lhe ofertariam o precioso talismã, pois todo sonho místico tem realização assegurada pelos mistérios do destino. Convinha-lhe, no entanto, manter em absoluto segredo o seu dourado sonho relativo ao muiraquitã. E convinha, acima de tudo, por dois motivos: primeiro, porque não existe mago sem pelo menos um segredo inviolável; segundo, porque todo sonho revelado perde o encantamento e jamais se realiza.

Os muiraquitãs são pedras verdes que, conforme rezam as lendas da selva nortista, índias guerreiras, as ikamiabas, ou amazonas, em épocas remotas, retiravam do fundo de um lago em noite de lua para presentear aos homens quando os amavam por um breve tempo (jamais tinham maridos e sacrificavam seus filhos do sexo masculino).

"Com meus conhecimentos herméticos e os rituais, conseguindo um muiraquitã autêntico, farei proezas maiores que o Paulo Coelho" – pensa o mago em sua meditação, grampeando apostilhas. *"Depois é só escrever livros e ficar podre de rico. Se fizer sucesso de público e conquistar fama internacional, posso até ser candidato à Academia Brasileira de Letras, o que é um bom negócio para qualquer escritor, pois, quando ganha a eleição, fica honrado para sempre, e, quando perde, torna-se muito respeitado por ter concorrido"* – conclui o mago, feliz da vida com o seu grande segredo.

No quarto do pequeno e desconfortável hotel, deitada e enfraquecida pelo abalo nervoso consequente do transe 'demoníaco' de sexta-feira, a médium, companheira do mago, também medita no seu segredo:

"Será aquele mendigo, e não o exportador de borracha, o homem que mudará minha tormen-

tosa existência? Por que, quando despertei e o vi na minha frente, achei a sua figura tão atraente e tão doce o seu olhar tranquilo? É estranho, pela primeira vez na vida eu me senti de fato envolvida por uma emoção romântica. Ele não me pareceu nada velho e, por mais incrível que seja, tive vontade de lhe fazer carinho. Como ele reagirá se eu lhe pedir para fazer uma costura no seu paletó rasgado? Será que aceita um sapato ou uma chinela, se eu lhe comprar? Poderá ser ele o homem de quem me falaram no sonho. Mas o sonho precisa ficar em segredo..."

Duas quadras e uma esquina depois do hotel, ainda naquele mesmo momento, o mendigo reflete, encostado em um poste de madeira, olhando para o céu de verão, sem nuvens:

"Até quando deverei guardar o meu segredo para essa gente cabocla, humilde e generosa? E até onde deverei caminhar com o meu segredo, se ela quiser seguir o meu caminho?"

13. Uma Tristeza

Terça-feira,14 de agosto de 2001.

O moderador de debates encontra-se com a consciência em paz por ter feito a devolução do livro emprestado do mendigo. Com a consciência um pouco menos leve está a médium, em virtude do plano tipicamente feminino que começou a conceber para se aproximar do mendigo, o qual poderá afastá-la da companhia do mago. Este devia se achar com a consciência muito pesada pela porção de besteiras, ou fantasias enganosas, que disse ontem na abertura do curso de iniciação à magia, entretanto se sente realizado, vitorioso.

O início do curso, na véspera, foi um sucesso. Mais de três dúzias de alunos pagaram a inscrição, assegurando um faturamento compensador. Na plateia heterogênea, ao lado de muitos caboclos, havia pessoas distintas, que um colunista social classificaria como a fina flor da comunidade local: o prefeito, o pretor, o cartorário, o delegado de polícia, o chefe do posto de saúde, médico especializado em qualquer doença, duas enfermeiras, um abastado vendedor de peles de animais silvestres em extinção, cinco professoras primárias e até, segundo alguém confidenciou ao mago, um espião do vigário da paróquia e um sobrinho do pastor protestante que já se instalara no pequeno município.

Frente a uma assembleia dessa qualidade era preciso que, antes dos exercícios programados para o desenvolvimento dos poderes mentais, ele, o mago, de saída, revelasse profundos conhecimentos sobre as artes divinatórias. Então, como parte introdutiva dos rituais, abriu a torneira da sua erudição.

Disse que a magia sempre se impôs aos homens, desde a antiguidade, sobretudo no Egito e na Grécia. Ressaltou que para os egípcios o seu inventor foi Tote, nove vezes grande, e para os gregos foi Hermes Trimegisto, o insuperável. Frisou que, consoante provam velhos papiros, ilustrados com símbolos, a magia também desfrutou de imensa popularidade na Caldeia e na Assíria. Enfatizou que os magos de antanho eram prestigiados sacerdotes da religião de Zoroastro e, desvendando os segredos da astronomia e da química, dominavam todas as forças do universo. Fez distinção entre magia e bruxaria, defendendo a postura da Santa Inquisição da Igreja Católica, na Idade Média, quando mandou queimar milhares de pessoas tidas como médiuns de pessoas mortas, um absurdo, pois, isto ele fazia questão de destacar, somente os demônios, uns maus, outros bons, podem se manifestar neste mundo além dos anjos. Empolgado com a boa recepção da sua palestra introdutória aos exercícios para desenvolvimento dos poderes mentais, discorreu sobre o totemismo, bastante comum nas sociedades tribais, que prega um parentesco místico entre os homens e tudo o mais, pedras, plantas, bichos; dissertou sobre a cabala, um conjunto de preceitos esotéricos da filosofia religiosa judaica; discursou eloquentemente sobre a alquimia, admitindo o exagero do célebre árabe Averróis quando enterrou um raio de sol sob a primeira coluna à esquerda da mesquita de Córdoba, a fim de que, depois de oito mil anos, ele se transmudasse em ouro; e por aí foi, prelecionando em torno do ocultismo e do misticismo em geral. Respondeu perguntas de toda espécie, umas até engraçadas mas não irônicas, feitas com intenção amistosa, em nada críticas, sempre pondo em relevo a sua fé católica semelhante à de Paulo Coelho, e deixou claro que daria aulas teóricas e práticas baseando-se apenas no livro *O diário de um mago*, porque, no primeiro parágrafo do prefácio do volume *O alquimista*, publicado pela Editora Rocco Limitada, do Rio de Jâneiro, no ano de 2000, Paulo Coelho declara ser o livro *O diário de um mago "um trabalho de não-ficção".*

 O moderador de debates assistiu compenetrado, porém suspeitoso, a toda a palestra do mago, e, ao se despedir do conferencista, cumprimentando-o pela erudição, disse não poder participar do curso porque tinha de pôr em dia a sua contabilidade, tendo em vista a inesperada presença no município de um fiscal da Secretaria de Fazenda do Estado. Garantiu-lhe, entretanto, que, durante as duas semanas de aulas, cotidianas ininterruptas, não programaria nenhum evento no Clube Recreativo-Cultural, deixando assim de prejudicar a frequência da turma aos sábados e domingos. Notando a falta da médium no recinto, perguntou por ela. O mago respondeu:

 – Anda mofina e mais ensimesmada do que já era, depois de ter sido tomada pelo demônio na sexta--feira. A atitude do mendigo, embora caridosa e providencial na ocasião, parece tê-la perturbado ainda mais. Ela, no fundo, é vítima não só de renitente demônio e incurável esquizofrenia, mas também de terrível frustração por ter abandonado o curso de medicina. O seu sonho era ser médica. Daria uma excelente oftalmologista, os seus belos olhos azuis são um sinal da natureza nesse sentido. Infelizmente, por não gostar de magia, deixou de perceber isso e realizar a sua lenda pessoal. Uma tristeza...

14. Luz Diversificada

Quinta-feira, 16 de agosto de 2001.

O moderador de debates ardia de curiosidade à espera dos livros filosóficos que haveriam de chegar naquele dia, pois o piloto do avião monomotor era homem de palavra e o troco do dinheiro a ele entregue, quinhentos reais, destinado à gratificação pelo favor da compra dos volumes, não era de ser jogado fora como pagamento por serviço tão fácil de ser feito.

Enquanto se dirigia, ansiosamente, para o aeroporto, recordou os tempos áureos de criança feliz, criada por mãe piedosa e crente na mais antiga e poderosa religião do mundo ocidental. O catolicismo, sem sombra de dúvida, tinha uma presença muito forte nos subterrâneos de sua mentalidade, hoje talvez mais aberta, por força das circunstâncias, para a aceitação dos conceitos e postulados espíritas, referentes à vida e ao destino final do ser humano. Recordando os albores da adolescência, época em que ainda frequentava a igreja nas missas de domingo e comungava após pedir perdão pelos pecados, repetiu mentalmente o pedido que vinha fazendo a Deus desde a semana passada, na esperança de receber, naquele dia da chegada dos livros, um sinal indicando o caminho a escolher entre o catolicismo de Paulo Coelho e o espiritismo de Allan Kardec.

O avião pousou, levantando a poeira da pista de piçarra, o piloto desceu e cinco minutos depois o moderador de debates já tinha em mãos o seu pacote de luz diversificada para esclarecimento íntimo. Junto com ele, o jornal da véspera.

Solicitou ao motorista levá-lo o mais depressa possível para casa e não para o armazém de onde saíra, e onde tinha escritório comercial. Lá chegando, abriu imediatamente o pacote e se deparou com os seguintes volumes;

O diário de um mago, *O alquimista* e *Brida*, de Paulo Coelho;

Curandeirismo: um mal ou um bem?, *Os mortos interferem no mundo? – Volume 2* e *Milagres a ciência confirma a fé*, do padre Quevedo;

E, finalmente, *O livro dos espíritos, O livro dos médiuns* e *O evangelho segundo o espiritismo*, de Allan Kardec.

Por qual dessas obras deveria iniciar seu estudo comparativo?

Antes de decidir, deu uma olhadela em *O Liberal* do dia anterior e teve um impacto com a notícia que leu, sob manchete de oito colunas, na página 10 do caderno "Painel".

Era a resposta de Deus ao pedido que fizera?

Era o sinal?...

Eis a notícia, sem comentários:

Arcebispo Repudia
Mulher Grávida

Ameaçado de excomunhão, Milingo renuncia à esposa e faz as pazes com o Vaticano.

O controvertido arcebispo zambiano, Emmanuel Milingo, decidiu fazer as pazes com a Igreja Católica e renunciar à convivência com a acupunturista coreana Maria Sung, com quem se casou numa cerimônia coletiva da seita Moon, a 27 de maio passado em Nova Iorque, anunciou ontem o Vaticano.

Nazareno Tourinho

A decisão foi comunicada pelo arcebispo emérito de Lusaka, de 71 anos, em uma carta dirigida ao Papa João Paulo II, com data de 11 de agosto e divulgada ontem pelo Vaticano.

"Neste momento, com todo meu coração, comprometo de novo minha vida com a Igreja Católica, renunciando a conviver com Maria Sung e a manter relações com o reverendo Moon e a Federação das Famílias pela paz mundial", escreveu o prelado.

Na carta, o bispo admite que foram as palavras do Papa, "Em nome de Jesus, regresse à Igreja Católica", que acabaram por convencê-lo de tomar esta decisão. Essa carta foi divulgada ontem, depois da campanha de imprensa iniciada pela esposa de Milingo, que denunciou a hierarquia do Vaticano por manter "prisioneiro" Milingo, com quem não se encontrava há uma semana.

Ontem, a mulher de Milingo, que admitiu estar grávida, confirmou, em coletiva de imprensa num hotel romano, que vai começar uma greve de fome para que seu marido apareça. "Vou jejuar até que Milingo seja libertado ou vou continuar até morrer. Irei à basílica de São Pedro para rezar todos os dias e pedir a Deus que meu marido apareça", acrescentou.

Sung, de 43 anos, se casou com o arcebispo de Lusaka, Milingo, no dia 27 de maio em Nova Iorque, numa cerimônia realizada pelo líder e fundador da seita Moon, o sul-coreano Sun Myung Moon. Na segunda-feira, o Vaticano tentou entregar à mulher uma carta, mas ela recusou-se a recebê-la. Segundo o jornal *La Repubblica*, nessa carta Milingo lamenta ter se casado. "Te peço que me entenda. Ao me casar com você, fiz algo que não devia fazer. Como sacerdote e bispo, estou ligado a Deus e à Igreja, através do celibato muito antes do ritual do dia 27 de maio. Um laço que não se pode romper", escreveu o bispo.

Sung declarou na coletiva de imprensa que "amava de todo o coração" o bispo africano. "Estou disposta a dar minha vida para protegê-lo, como acredito que ele faria por mim. Quero encontrar meu marido frente a frente, sem que nada nos controle."

Mais tarde, a "senhora Milingo" disse estar convencida de que seu marido está "drogado" pelo Vaticano e anunciou que continuará com a greve de fome que iniciou de manhã. "Estou convencida de que meu marido está prisioneiro e sob os efeitos de uma droga", disse ela. "Mesmo se Milingo me telefonasse e dissesse ele próprio: 'vou te deixar', não acreditaria, por causa de tantas mentiras", afirmou.

15. Samba do Crioulo Doido

Segunda-feira, 20 de agosto de 2001.

Desde anteontem, quando lhe chegaram os livros filosóficos, o moderador de debates assumiu solenemente os seus direitos naturais de patrão e só foi ao armazém de secos e molhados e às lojas de quinquilharias para dar ordens aos empregados. O restante do tempo passou na residência de varanda arejada por quatro janelas, absorvendo com sofreguidão a sabedoria doutrinal do padre Quevedo. Havia planejado ler os livros dos três autores com calma e quase simultaneamente, dando atenção a um e a outro a fim de comparar os ensinamentos antagônicos, mas a notícia do jornal documentando o fato escandaloso na alta cúpula da Igreja Católica o abalou tanto que resolveu vasculhar logo todas as páginas dos três volumes quevedeanos. Se o eminente sacerdote Oscar G. Quevedo, considerado como o inimigo número um da doutrina de Allan Kardec, doutor em teologia, lídimo representante da ordem dos jesuítas, criada para combater teorias heréticas, deixasse de convencê-lo de que a Santa Madre Igreja Romana não se encontrava quase tão falida quanto o Brasil na opinião do mendigo, ele, o moderador de debates, desprezaria de vez, definitivamente, a fé católica tradicional, não esotérica.

Com o ânimo assim decidido pegou os três volumes do padre Oscar González Quevedo retrocitados, todos dados à lume pelas Edições Loyola, de São Paulo, o primeiro em segunda edição, feita em 1978, o segundo também em segunda edição, de 1995, e o terceiro em primeira edição, 1996.

Na primeira das três brochuras, *Curandeirismo: um mal ou um bem?*, depois de ler à página 194 que "*O espiritismo é o amálgama de todas ou quase todas as superstições surgidas ao longo da História*", verificou que o padre Quevedo cita César Lombroso como *jurista* na página 394.

Parou e pensou:

"*Se esse padre desconhece até a profissão dos autores que cita, é um sujeito no mínimo leviano, do ponto de vista intelectual*." César Lombroso nunca foi jurista – aprendeu ele no segundo ano do curso de direito, ainda jovem, em Belém, antes de o pai ser flechado pelo índio caiapó. César Lombroso sempre foi médico, professor de medicina, e, se acabou sendo considerado como o pai da antropologia criminal, isso se deu em consequência de seus estudos científicos sobre a conformação craniana e a expressão facial de indivíduos que seriam geneticamente propensos à criminalidade.

Na segunda brochura, *Os mortos interferem no mundo? – Volume 2*, ficou atônito constatando que o padre Quevedo, querendo posar de parapsicólogo a fim de melhor poder atacar os fenômenos mediúnicos, espíritas, e querendo ainda exibir imparcialidade no tratamento do assunto para causar boa impressão aos leitores de cultura, chega ao cúmulo de ridicularizar os santos católicos. Leu três vezes, para acreditar no que via, estas frases contidas nas páginas 186 e 313 da brochura:

> Não se está a discutir a santidade. Mas que Ana Catarina Emmerich era histérica em alto grau é indiscutível.
>
> Dá um misto de pena e compreensão ver hoje a situação a que chegava então uma inteligência tão prodigiosa como a de Santo Agostinho.

Nazareno Tourinho

Aturdido, o moderador de debates perguntou a si mesmo se, naquele momento, não estava sendo vítima de uma alucinação produzida pelo seu demônio, já que todo ser humano, conforme garantia o mago, possui um demônio, bom ou mau. Somente admitiu que a perturbação mental não se processava nele quando consultou a terceira brochura do padre Quevedo, *Milagres a ciência confirma a fé*, e leu na página 9 esta declaração, ou confissão:

> A imensa maioria das pessoas cultas, inclusive a maioria dos teólogos da minha própria religião, são de opinião diametralmente contrária à que defendo neste livro.

16. Diálogo Esclarecedor

Sábado, 25 de agosto de 2001.

Decepcionado com o pensamento do padre Quevedo, resolveu o moderador de debates partir para o exame das teses dos outros dois autores, agora mais aliviado porque, do catolicismo tradicional, sem a tintura do esoterismo, se sentia inteiramente libertado, podendo assim, sem complexo de culpa, sem desconforto da consciência, voar na direção da magia ou do espiritismo. Desde segunda-feira se concentrara nos volumes de Paulo Coelho e de Allan Kardec toda tarde e toda noite, ocupando-se do gerenciamento dos seus negócios apenas pela parte da manhã; dava-se a esse luxo porque tinha empregados de confiança e a exportação de borracha era a cada dia menor, principalmente naquela época do ano.

Embora não houvesse realizado estudo comparativo das obras de Paulo Coelho e Allan Kardec meticulosamente como desejava, conseguira em uma semana fazer uma leitura dinâmica das mesmas, marcando nelas alguns trechos mais expressivos. Então, hoje, quando regressava das lides comerciais matutinas para sua residência, fora até a praça à procura do mendigo, convidando-o a jantar consigo naquele dia, às vinte horas, a fim de conversarem sobre temas metafísicos.

Eram sete horas da noite e cinquenta e cinco minutos, e o mendigo ainda não chegara.

Ele está impaciente. Olha uma vez mais para o relógio de algibeira herdado do genitor. Ouve baterem na porta. Abrindo-a, escuta o mendigo dizer, rindo, com sotaque britânico:

– "A pontualidade é a cortesia dos reis...".

O mendigo entrou pedindo desculpas por sujar o chão polido com os pés descalços e, sem demora, foi levado à mesa para banquetear-se com jabuti ao leite de castanha e uma graúda curimatã grelhada. Após o ágape, dirigiram-se sem tardança para a sala, dispensando sobremesa, e o diálogo esclarecedor teve início, desdobrando-se nos termos que seguem:

– Sei que você não é um simples mendigo, mas igualmente não é um impostor. Pelos seus largos conhecimentos, em numerosos assuntos, e pelo poder espiritual que demonstrou tirando aquele demônio da mulher do mago, deixou-me profundamente impressionado. Pode me dizer o que é, na realidade?

– Não.

– Por quê?

– Porque não sei o que sou, sei apenas quem sou.

– E quem é você?

– Isto eu posso dizer, todavia não quero.

– Tudo bem, perdoe a indiscrição, não pretendi ofendê-lo.

– Não fiquei ofendido; entendo sua curiosidade, até certo ponto justa.

– Bom, eu preciso que me ajude a encontrar o caminho da verdade.

– A verdade não tem caminho, ela se encontra em toda parte.

– Eu gostaria de fazer uma escolha entre a magia do Paulo Coelho, adotada por esse sujeito que encerra o seu curso amanhã, e a doutrina de Allan Kardec, que você assume e me recomendou. Pode me ajudar nisso?

– Talvez, contudo tem de pensar com a sua cabeça e não com a minha.

– Agora já li obras que me permitem fazer a escolha, porém alguns trechos me deixaram em dúvida. Por exemplo, aqui está o volume *Brida*, de Paulo Coelho. Vamos abri-lo na página... página 44... eis o trecho que assinalei:

> Brida estava com a respiração suspensa. Já fizera esta pergunta a si mesma muitas vezes.
>
> A resposta é simples – disse Wicca, depois de saborear por algum tempo a ansiedade da menina. – Em certas reencarnações, nós nos dividimos. Assim como os cristais e as estrelas, assim como as células e as plantas, também nossas almas se dividem.
>
> A nossa alma se transforma em duas, estas novas almas se transformam em outras duas, e assim, em algumas gerações, estamos espalhados por boa parte da Terra.

O moderador de debates fez uma pausa e o mendigo afirmou:

– A alma é um ser uno e indivisível, não pode se transformar em duas, isso é um absurdo sem nenhum substrato lógico. Existem dois elementos no universo, o espiritual e o material, ambos criados por Deus, mas de natureza diferente. Não se pode confundir as almas, que possuem livre-arbítrio e por isso têm individualidade *consciente*, indestrutível, com os cristais e as plantas que se transformam sob leis físicas e não morais, perdendo a individualidade *inconsciente*. Observe que nessa história mirabolante de Paulo Coelho a personagem *Brida* tanto fica nua com o seu mestre em um ritual, quanto dorme no dia seguinte com o namorado. Já li todos os livros desse autor, conheço tanto os seus enredos quanto os seus argumentos místicos, puramente fantasiosos na minha opinião. Esta tese da multiplicação das almas por cissiparidade só serve para justificar o pansexualismo, tão do agrado das pessoas sensuais que só pensam em gozar a vida e, para tanto, não se importam em trair seus parceiros amorosos.

– Quer dizer que só existem as almas gêmeas, aquelas que se completam uma a outra, como metades eternas? Por falar nisso, algum médium famoso já recebeu mensagem do Além revelando que existem almas gêmeas?

– Em se tratando de médiuns, ensina Allan Kardec, devemos ter sempre cuidado, jamais abrindo mão do bom senso, tanto relativamente aos desconhecidos quanto aos famosos. A respeito deste delicado assunto, fique com o ensinamento de *O livro dos espíritos* que tenho aqui no bolso. Deixe eu lhe mostrar. Vejamos... está na página... ouça, são as perguntas nos. 298 a 301, com as respectivas respostas dos espíritos que transmitiram a doutrina. Vou ler:

As almas que devam unir-se estão, desde suas origens, predestinadas a essa união e cada um de nós tem, nalguma parte do universo, sua metade, a que fatalmente um dia se reunirá?

Não; não há união particular e fatal de duas almas. A união que há é a de todos os Espíritos, mas em graus diversos, segundo a categoria que ocupam, isto é, segundo a perfeição que tenham adquirido. Quanto mais perfeitos, tanto mais unidos. Da discórdia nascem todos os males dos humanos; da concórdia resulta a completa felicidade.

Em que sentido se deve entender a palavra 'metade' de que alguns Espíritos se servem para designar os Espíritos simpáticos?

A expressão é inexata. Se um Espírito fosse a metade do outro, separados os dois, estariam ambos incompletos.

O Mago e o Mendigo

Se dois Espíritos perfeitamente simpáticos se reunirem, estarão unidos para todo o sempre, ou poderão separar-se e unir-se a outros Espíritos?

Todos os Espíritos estão reciprocamente unidos. Falo dos que atingiram a perfeição. Nas esferas inferiores, desde que um Espírito se eleva, já não simpatiza, como dantes, com os que lhe ficaram abaixo.

Dois Espíritos simpáticos são complemento um do outro, ou a simpatia entre eles existente é resultado de identidade perfeita?

A simpatia que atrai um Espírito para o outro resulta da perfeita concordância de seus pendores e instintos. Se um tivesse que completar o outro, perderia a sua individualidade.

– Esta questão parece complicada.
– Concordo com tal juízo de valor. Em razão disso o homem sensato não deve especular sobre problemas superiores à capacidade de compreenssão da sua inteligência. Eu aceito a doutrina dos livros de Allan Kardec acima de tudo pela sua tocante honestidade. Espere aí... aqui está... veja

as derradeiras palavras dos espíritos ao responderem a pergunta nº 242 que Allan Kardec lhes fez:

> *... nem tudo os Espíritos sabem, a começar pela sua criação.*

A doutrina espírita tem a comovente humildade de não querer explicar tudo, e por isso ela é grande, inatacável; contenta-se em ser preponderantemente ética, e os espíritos, nos livros de Allan Kardec, nos aconselham prudentemente a não perder tempo com divagações ociosas. Espere aí de novo... veja como eles se pronunciaram a respeito do panteísmo... pergunta nº 14 e respectiva resposta:

> Deus é um ser distinto, ou será, como opinam alguns, a resultante de todas as forças e de todas as inteligências reunidas?
>
> *Se fosse assim, Deus não existiria, porquanto seria efeito e não causa. Ele não pode ser ao mesmo tempo uma e outra coisa.*
>
> *Deus existe; disso não podeis duvidar e é o essencial. Crede-me, não vades além. Não vos percais num labirinto*

donde não lograríeis sair. Isso não vos tornaria melhores, antes um pouco mais orgulhosos, pois que acreditaríeis saber, quando na realidade nada saberíeis. Deixai, conseguintemente, de lado todos esses sistemas; tendes bastante coisas que vos tocam mais de perto, a começar por vós mesmos. Estudai as vossas próprias imperfeições, a fim de vos libertardes delas, o que será mais útil do que pretenderdes penetrar no que é impenetrável.

Prosseguem o moderador de debates e o mendigo:

– É, tudo indica que você tem razão, esse Paulo Coelho não é tão inteligente como julgam.

– Inteligente ele é, tanto assim que está sendo consagrado mundialmente como escritor. Devemos também considerá-lo como um homem honesto, honrado, mas, seguramente, acho eu, não é um pensador cristão, apesar de se declarar insistentemente católico.

– Por que você faz de maneira tão categórica esta afirmativa?

– Faço porque a essência do pensamento cristão é o altruísmo, e os livros do Paulo Coelho, segundo me parece, somente estimulam a atitude sentimental oposta, o egoísmo. Eles incentivam as pessoas a viverem os seus sonhos; isso é muito bonito, fascinante mesmo, e assegura o sucesso de público. Até um certo limite seria aceitável, pelo sabor poético, contudo Paulo Coelho se excede; no fim do capítulo intitulado *Os Vícios Pessoais,* do volume *O diário de um mago,* chega a escrever em uma prece estas palavras que eu até decorei, porque me feriram profundamente:

> *Mas tende piedade dos que abriram mão de tudo, e são caridosos, e procuram vencer o mal apenas com o amor, porque estes desconhecem tua lei que diz: 'quem não tem espada, que venda sua capa e compre uma.'*

– É, meu caro mendigo vagamundo, você tem jeito de sábio em embalagem para consumo de gente simples... O que mais pode me dizer sobre as ideias do Paulo Coelho e desse mago que vai terminar amanhã o seu curso de iniciação às artes divinatórias?
– Devemos julgar uma árvore pelos frutos, como aconselhou Jesus. Você sabe o que tem acontecido como resultado dos exercícios que o mago ensinou para os alunos do curso?

– Não.

– Então procure saber.

Só a esta altura da conversa o moderador de debates se deu conta de como estivera isolado em sua residência, absorto na leitura dos nove livros filosóficos e alheio à vida rotineira do lugar. Há dias circulavam pelos quatro cantos do vilarejo comentários chistosos sobre as consequências na população cabocla dos exercícios do curso do mago e ele nada sabia da interessante novidade.

Depois de insistir inutilmente para que o mendigo lhe contasse a história, relativa aos efeitos dos rituais do curso praticados pelos caboclos, o moderador de debates resignou-se a esperar o dia seguinte para tomar conhecimento dos fatos. E aceitou algo contrafeito as despedidas do seu convidado para a refeição noturna. Este, com um ar de riso, caminhou lentamente sob a claridade da lua, defendendo os pés descalços do pedregulho quando se aproximou da ponta da praia, onde o esperava um vulto, que também tinha claridade nos olhos azuis...

17. Fatos Pitorescos

Domingo, 26 de agosto de 2001.

O moderador de debates acordou lembrando a bem humorada e lacônica referência do mendigo, ontem à noite, após o jantar de jabuti e curimatã, sobre os fatos decorrentes das práticas ritualísticas do curso do mago, cujo encerramento será hoje. Tão logo tomou o seu café da manhã, deu-se pressa em efetuar uma visita ao barbeiro mais popular do vilarejo, conhecido pela alcunha de *Jacaré-Açu*. Figura folclórica, amante da boa cachaça, superlativamente querido de todos pelos serviços prestados como cortador de cabelo em nada menos de quarenta anos, o referido profissional da tesoura tinha boca maior do que jacaré grande, daí o seu apelido; e dentro de tal boca a língua não parava, relatando para quem quisesse ouvir todas as novidades da população quando elas ainda estavam quentinhas como o pão das padarias de manhã cedo.

O *Jacaré-Açu*, talvez porque o seu salão de trabalho fosse o mais antigo e muito frequentado, era invariavelmente o primeiro a saber das fofocas sociais e o último a guardar segredo delas, quaisquer que fossem, envolvessem grandes confusões políticas ou desavenças mínimas entre marido e mulher.

Depois de um cumprimento efusivo e interesseiro, o moderador de debates, sem delongas, tirou o *Jacaré-Açu* da sua casa e o levou para o quiosque ao lado da ponte de atracação de canoas, barcos e navios-gaiolas, ótimo recinto para longo bate-papo descontraído, tanto pela ventilação do rio, quanto pela cerveja geladíssima e o tira-gosto de peixe fresquinho, muito bem temperado. Em ambiente tão ecológico e aprazível, recolheu as histórias que adiante reproduzirei, começando por salientar o seguinte: todas elas resultaram de um erro ou descuido técnico cometido pelo mago, ao vender no curso exemplares do livro *O diário de um mago*, de Paulo Coelho. Ora, além da 'fina flor' da sociedade local, alguns caboclos participaram das aulas, compraram o volume e o emprestaram para os vizinhos, colegas e amigos. Estes, na falta de outros lazeres, resolveram se reunir e fazer por conta própria os exercícios, minunciosamente explicados nas páginas números 37, 48, 67, 96, 135, 172, 192, e 211. Eis como as coisas ocorreram nos exercícios e suas consequências:

Exercício da Semente

Os caboclos se ajoelharam no chão, sentando nos calcanhares e abaixando o corpo de modo que a cabeça ficasse tocando os joelhos. Esticaram os braços para trás, tomando a posição fetal. Relaxaram para se sentirem como uma semente no conforto da terra. Calmamente começaram a mover os braços, depois o corpo foi se erguendo até levantar e ficar ereto com os joelhos no chão. Isso tudo foi realizado imaginando, cada um, ser uma semente se transformando em broto. Aí cada caboclo-semente, ou broto, foi se levantando lentamente para romper a terra, colocando um pé no chão, depois outro. Erguendo-se cada um imaginou ser um broto crescendo no campo. Levantaram vagarosamente os braços em direção ao céu e foram se esticando cada vez mais, como se quisessem agarrar o sol do qual retiravam força. O corpo ficou mais rígido, os músculos foram se retesando, a tensão aumentou até ao ponto de tornar-se insuportável. Quando cada um não aguentou mais, deu um grito e abriu os olhos. O exercício deveria ser repetido sete dias seguidos, à mesma hora.

Resultado: só foi repetido quatro vezes, porque um caboclo de sessenta anos teve uma dor de coluna tão intensa e prolongada que nem o médico do posto de saúde conseguiu aliviar, outro de menos idade ficou com os tornozelos inflamados e um mais moço passou a sonhar que era uma jaqueira castigada por terrível temporal...

Exercício da Velocidade

Os caboclos caminharam depois do almoço durante vinte minutos na metade da velocidade com que costumeiramente andam, prestando atenção a todos os detalhes da paisagem à sua volta. O exercício também deveria ser repetido sete dias à mesma hora.

Resultado: foi repetido a contento; entretanto, como caboclo do interior da Amazônia já anda devagar porque nunca tem pressa para nada, pois vive da natureza e a natureza lhe dá tudo para a sobrevivência sem cobrar coisa nenhuma, e como nunca sacrifica a sua sesta, dormindo pelo menos meia hora após almoçar, em espaçosa rede, quem viu no primeiro dia de tal exercício os caboclos caminhando pela rua como múmias se arrastando, sob o escaldante sol a pino, julgou tratar-se de uma crise de loucura e saiu correndo...

Exercício da Crueldade

Os caboclos, toda vez que lhes vinha na cabeça um pensamento ruim, prejudicial, passaram a cravar a unha do dedo indicador na raiz da unha do polegar, até a dor ser intensa, concentrando-se nela e só afrouxando a pressão quando o pensamento saísse da cabeça, repetindo a conduta toda vez que o pensamento voltasse.

Resultado: noventa e oito por cento dos praticantes do exercício, em menos de três dias, tiveram que abandonar o trabalho, com dedos das mãos feridos, enrolados em folhas de bananeira...

Exercício da Água

Os caboclos fizeram uma poça de água e ficaram olhando para ela, depois começaram a brincar espalhando o líquido como se fossem crianças. Traçaram no chão desenhos que não queriam dizer absolutamente nada. Repetiram o exercício diariamente, por um tempo mínimo de dez minutos, com a finalidade específica de desenvolver a intuição.

Resultado: o banqueiro do jogo do bicho, que já fora instalado no vilarejo como primeiro sinal efetivo de progresso, ganhou mais dinheiro naquela semana do que em dois meses. Contudo, por uma questão de justiça e a bem da verdade, registre-se que um dos caboclos acertou em uma dezena da vaca...

EXERCÍCIO DO ENTERRADO VIVO

Os caboclos deitaram no chão, cruzaram as mãos sobre o peito na postura de morto e relaxaram, imaginando que seriam conduzidos ao cemitério no dia seguinte. A seguir se concentraram na ideia de estarem sendo sepultados, buscando sentir todas as macabras sensações de quem é enterrado vivo. Seguindo a orientação para maior eficácia do exercício, que não necessitava ser repetido, o encerraram com "um grito saído das profundezas de seu corpo".

Resultado: neste exercício, feito evidentemente à noite, o grito de encerramento, dado pelos caboclos, foi tão forte, tão estridente, tão apavorado e apavorante, que acordou quem estava dormindo a trezentos metros de distância, fez explodir com sua vibração vinte lâmpadas, balançou o sino da paróquia e chegou até a ponte-trapiche, afundando quatro canoas...

Exercício das Sombras

Os caboclos, relaxados, por cinco minutos se puseram a olhar sombras de pessoas e objetos ao seu derredor. Em prosseguimento, por mais cinco minutos continuaram nessa ocupação, pensando ao mesmo tempo em um problema, para resolvê-lo com as possíveis soluções erradas. Ainda em prosseguimento, por mais cinco minutos, olhando as sombras, pensaram nas soluções certas que sobraram, eliminando uma a uma *"até restar apenas a solução exata para o problema".*

Resultado: uma discussão desastrosa dentro do grupo que quase o dissolveu, porque alguns dos seus membros foram consultar o mendigo sobre o assunto e este lhes disse, mais ou menos, o seguinte:

– Primeiro, já é difícil encontrar uma solução realmente certa para um problema pessoal, quanto mais diversas. Segundo, soluções certas não precisam ser eliminadas, e sim concretizadas. Terceiro, todo perfeccionismo, neste mundo, não passa de tique neurótico. Quarto, a exatidão é algo tão discutível que até nos domínios da matemática está sujeito a controvérsias: o setor mais avançado da física moderna, a mecânica quântica, baseia-se no *Princípio da Incerteza*. Quinto, o tradicional método de pedir conselhos aos mais experientes, sobretudo aos pais, para resolver problemas da vida, sempre se mostrou melhor do que ficar refletindo sozinho, distraído na contemplação de sombras...

Exercício da Audição

Os caboclos fecharam os olhos e se concentraram na audição dos sons que os cercavam, como se estivessem ouvindo uma orquestra. Depois buscaram perceber os sons em separado, a fim de que, com a repetição dos exercícios, de dez minutos de duração, começassem a escutar *"vozes de pessoas passadas, presentes e futuras, participando da Memória do Tempo".*

Resultado: um caboclo conseguiu escutar, no sexto exercício, a voz de uma pessoa do passado, que fora seu tio e morrera de impaludismo, agora dizendo necessitar de prece; outro caboclo ouviu a voz da sogra, ainda bem viva no presente, xingando-o por maltratar sua filha; porém nenhum caboclo percebeu qualquer voz de gente do futuro, façanha somente possível aos magos, que participam dos acontecimentos antes de eles acontecerem...

Exercício da Dança

Os caboclos, de olhos cerrados, puseram-se a cantar em pensamento. A seguir foram deixando partes do corpo se movimentarem em ritmo de dança. Pararam de cantar mentalmente cinco minutos depois e passaram a escutar os ruídos que os cercavam. Com eles compuseram imaginativamente uma música e dançaram com todo o corpo quinze minutos.

Resultado: este foi o único exercício que deu totalmente certo. Depois de o fazerem uma única vez, já no dia seguinte estavam organizando um conjunto "de pau e corda". No fim da semana disseram às esposas que iam arriscar uma pescaria extra e se mandaram para conhecida palhoça à beira de um rio distante, onde farrearam até altas horas da noite, divertindo-se com mulheres afamadas por só terem filhos de boto. As esposas, a esta altura, já descobriram a traquinagem e fizeram um abaixo-assinado para o prefeito, reivindicando que o mago seja expulso do município.

Esta é a situação do momento, segundo o muito bem informado e pouco sóbrio Jacaré-Açu, que, para atingir a parte final do seu relatório, consumiu quase uma dúzia de cervejas no quiosque.

18. Piracema de Intrigas

Quarta-feira, 29 de agosto de 2001.

O vilarejo está fervilhando à custa de uma boataria geral tão célere em sua propagação, e tão maliciosa, que o simpático Jacaré-Açu sente-se desvalorizado por já não ser o primeiro a tomar conhecimento das novidades. Rolam como folhas secas no vento forte, em todas as ruas e travessas, esquinas e becos, as mais desencontradas versões, razoáveis e ilógicas, dos fatos ultimamente ocorridos. Quem não gosta do clima fuxiqueiro considera a situação como, seguramente, de calamidade pública.

A respeito do mendigo, dizem as boas e más línguas que:

"... é um bruxo competentíssimo, capaz de pôr demônios no corpo de mulher bonita com menos de quarenta anos e retirá-los sem nenhum exorcismo nas adjacências da praça a plena luz do dia, quando o sol começa a sumir no horizonte para ser substituído pela lua cheia."

"... é um grande intelectual, membro efetivo e perpétuo da Academia Paraense de Letras, capaz de provar a indigência cultural de todo mundo daquele lugar, inclusive do pretor, do cartorário e do moderador de debates no clube, cantado em prosa e verso como homem sobejamente esclarecido."

"... é um ex-subversivo das instituições democráticas, que quase foi preso durante o regime militar de 1964, capaz de escrever artigos e livros em prol da justiça social altamente periculosos."

"... é um cidadão caridoso, fundador e dirigente de uma instituição filantrópica em Belém, capaz de dar, com a ajuda de amigos, pão e sopa para pessoas miseráveis todo dia, de segunda a sábado."

"... é um velho safado, capaz de oferecer bombons e biscoitos às crianças como estratégia para atrair e namorar suas mães."

"... é um sujeito sem qualquer curso de medicina ou psicologia, no entanto capaz de promover a cura, com a ajuda de médiuns criteriosos e orientado pela verdadeira doutrina espírita, contida nas obras de Allan Kardec, de muitos enfermos tidos como epilépticos ou desequilibrados mentais."

"... é um condenado da justiça que nunca chegou a cumprir pena porque deu golpes de milhões de reais em órgãos do Governo, capaz de ensinar o prefeito a fazer falcatruas mais bem disfarçadas do que aquelas que ele sempre fez."

"... é um cientista americano naturalizado brasileiro, capaz de descobrir urânio na região e contrabandeá-lo, possibilitando ao presidente George W. Bush levar avante sua política de controle do espaço cósmico, chamada na imprensa de 'guerra nas estrelas.'"

A respeito do mago, dizem que:

"... é um rico fazendeiro do Rio Grande do Sul, parente do Leonel Brizola, que, depois da febre aftosa em seu gado, não podendo resgatar dívidas bancárias, veio se esconder na Amazônia, sendo capaz de comprar parte de sua floresta para incendiá-la, platando capim de pasto no lugar das árvores, como estão fazendo inúmeros outros fazendeiros."

"... é um carismático mestre de magia cinzenta, nem branca nem negra, conhecedor de rituais secretos de todos os tipos, capaz de fundar no município uma ordem mais respeitável do que a Ordem de RAM, do Paulo Coelho, que provavelmente não passa de pura ficção, pois não tem sede em lugar nenhum."

"... é um esperto agente publicitário de livros esotéricos bem escritos, capaz de vender bulas de remédio como poesias românticas."

"... é um mago de fancaria, capaz de valer-se de exercícios para atores de teatro como se eles fossem destinados a aprendizes de artes divinatórias."

"... é um enganador contratado pelo banqueiro do jogo do bicho, capaz de fazer com que a população não tenha mais bons palpites."

"... é um criminoso em fuga como o mendigo, capaz até de ter sido trazido para o vilarejo pelo próprio mendigo, a fim de que ambos, representando o papel de adversários, possam melhor ludibriar a população."

"... é um doido ilustrado e inteligentíssimo que teve alta de um hospício em Porto Alegre, capaz, no momento de lucidez que está atravessando, de empurrar outras pessoas para a sua loucura."

"... é apenas um profissional não especializado, vítima da onda de desemprego que assola as grandes cidades, capaz de exercer qualquer atividade para ganhar o pão."

"... é um corno manso, capaz de deixar que sua jovem e linda mulher o engane até com um mendigo vagabundo."

A respeito da médium, companheira do mago, dizem que:

"... é uma viciada em drogas, capaz de fazer tudo em busca de viagens mentais delirantes, tanto assim que, quando desembarcou de repente do navio, estava indo para Rio Branco, capital do Acre, onde pretendia integrar-se a uma conhecida seita em cujos rituais se bebe um chá alucinógeno."

"... é simplesmente uma incompreendida médium, capaz de receber espíritos superiores de pessoas mortas que podem até iluminar e curar gente sofredora, mas o seu companheiro, enfronhado na magia, não admite o fato porque só acredita na manifestação mediúnica de anjos e demônios."

"... é uma garota de programa, capaz de viajar com um gigolô, no caso o mago, para fisgar clientes endinheirados como o moderador de debates."

"... é também uma louca ou feiticeira perigosa, capaz das maiores estripulias em noites de lua cheia."

Finalmente:

"... é uma prostituta tão devassa que foi vista tomando banho nua com o mendigo, à noite, na ponta deserta da praia."

19. A Revelação

Quinta-feira, 30 de agosto de 2001.

    A última das intrigas mencionadas no capítulo anterior merece ser aclarada e desfeita, de imediato, porque aconteceu exatamente isto no encontro da companheira do mago com o mendigo, na ponta erma da praia, dez horas da noite, quando ele voltou para seu dormitório descampado sob a luz das estrelas refletidas nas águas do rio, depois de saborear jabuti e curimatã na residência do exportador de borracha:

    A médium, que não participou do curso de iniciação à magia, enquanto o companheiro ministrava uma aula dirigiu-se para tal encontro saindo do hotel já em transe, sem que ninguém notasse a sua consciência alterada, porque havia incorporado um espírito superior, de alta evolução, e não um demônio qualquer. Aliás, tomada por inteiro pelo mesmo espírito, ela retornou ao hotel antes das onze horas da noite, com os cabelos secos de quem não se molhou em banho nenhum, entrando no prédio normalmente sem chamar atenção do porteiro e chegando ao quarto antes de o mago nele aparecer, de volta do curso.

Na ponta deserta da praia, ela sentou-se em um tronco de árvore solto ao meio de pequeno monte de areia e parcialmente coberto de musgo. Demorou-se ali apenas uns três ou cinco minutos, inconsciente, controlada pelo espírito, pois o mendigo logo chegou.

Frente a frente, os dois se olharam em longo silêncio, enquanto o rumorejo das ondas, batendo nas pedras da margem do rio, espalhava no ambiente sons melodiosos, como se quisesse entoar, com doçura, uma terna canção de amor. Olharam-se imóveis e em completa mudez, qual se fossem duas estátuas de bronze envoltas em neblina e ao mesmo tempo dois pássaros voando sobre roseiras perfumadas.

– Afinal, aqui estamos um diante do outro, na solidão deste recanto da natureza. – falou, pausadamente, o espírito, com solene entonação na voz saída dos lábios trêmulos da médium.

O mendigo balbuciou:

– É você?

E ouviu:

– Sim, sou eu.

Murmurou o mendigo:

– Eu sabia que viria em breve tempo desde aquele instante em que tive a intuição de mandar com firmeza o presumido demônio sair do corpo dela.

– Era o seu obsessor, um primo que se apaixonou por ela e foi rejeitado em vida anterior. – esclareceu o espírito.

Continuou o mendigo:

– E agora?

Resposta:

– Chegou o momento de você dar passos mais decididos na sua peregrinação. Siga os sinais que darei, nunca esquecendo disto: tudo no universo é sagrado. Os seres humanos são importantes e as minhocas também...

Indagou o mendigo:

– Devo considerá-lo como o meu mestre?

Outra vez escutou:

– Agirá com mais sensatez se considerar Jesus como mestre.

E a oportuna troca de palavras desdobrou-se assim:

– O que necessito fazer para cumprir o meu destino, ou a minha lenda pessoal, conforme dizem os mestres da magia?

– Nada. Ninguém cumpre o seu destino, o destino é que se cumpre em cada ser.

– Mas não temos todos, como ensinam os místicos, um *caminho*?

– Também não existem caminhos, porque a vida, em si mesma, já é um caminhar. Entregue-se ao amor fraterno sem medo e estará indo à frente na rota certa.

– Mas como posso me guiar corretamente?

– Com a única bússola confiável: a própria consciência.

– Pelo menos me diga: o que preciso evitar usando tal bússola e entregando-me ao amor fraterno.

– O medo, já disse.

– Por que o medo?

– Porque ele é o pior inimigo do ser humano. É o medo que inventa os mestres místicos e seus caminhos.

– Como posso combater o medo?

– Descobrindo-o.

– E como posso descobri-lo?

– Procurando-o.

– Onde?

– Onde ele se esconde.

– E onde ele se esconde?

– Em tudo o que é secreto. Quem não tem segredo está livre do medo.

Dizendo estas palavras, o espírito fez um gesto de despedida e levou a médium para o hotel.

Todo o resto da noite, até a hora do banho de madrugada, o mendigo não adormeceu, meditando no seu comportamento e na sua sorte, muito angustiado porque até então mantivera o segredo da sua identidade para o povo daquele município, o que já tinha feito em três outros pelos quais passara antes, não se demorando mais que dois meses. Havia sido quase a vida toda um escritor materialista e agnóstico, se não ateu. Há cerca de um ano teve uma crise de depressão indebelável pelos melhores tratamentos farmacológicos e psicanalíticos. No fundo do poço emocional, pensando até em suicídio sem remorso por não ter esposa nem filhos, recorreu a um centro espírita, onde tomou passes e assistiu a sessões desobsessivas, comprando nele *O livro dos espíritos*, de Allan Kardec, cuja leitura forneceu respostas para os seus questionamentos de ordem metafísica e filosófica. Durante a terapia supranormal que em menos de um mês lhe restituiu a saúde, foi aconselhado por uma entidade invisível a tirar férias de seu labor intelectual e fazer um exercício, não para desenvolver poderes psíquicos, como o fazem os adeptos da magia, e sim para desenvolver o sentimento mais raro no homem, a humildade. Com sua imaginação fértil, logo pensou: *"Eu bem que poderia efetuar uma viagem pelo interior da Amazônia, assumindo a condição de mendigo a fim de aprender a ser menos orgulhoso; nela certamente irei colher opulento material para escrever uma novela ou romance denunciando problemas sociais da região".* Ao comunicar a intenção deste projeto à entidade que o aconselhou, reconhecidamente da mais elevada hierarquia espiritual, ouviu o que segue:

— Se você fizer isso, vou acompanhá-lo, atuando direta e indiretamente, dentro do possível, para que tudo saia bem. Quem sabe se Deus não permitirá até que eu coloque no roteiro da viagem algumas alegrias para o seu coração solitário? Se o Criador consentir, farei tal coisa, e você, na hora certa e no lugar certo, falará comigo outras vezes. Vou lhe fazer uma revelação: você já viveu cerca de sessenta e poucos anos neste corpo sem nunca ter sido feliz porque pretendeu sempre, com ideias generosas mas ateístas, mudar a vida dos outros, sem deixar que a vida, em si mesma, mudasse as suas ideias. Você tem uma missão a cumprir depois dos setenta anos, quando atingir, com a vitalidade orgânica de que é dotado por herança genética, o ápice da maturidade cultural. Essa missão é escrever alguns livros para mostrar que a Providência Divina rege os destinos humanos através da ação de almas de pessoas mortas, sábias e virtuosas, operantes em faixas vibratórias desconhecidas pela ciência do mundo material. Essas almas, tidas geralmente como anjos, tanto quanto são tidas como demônios as almas de pessoas mortas ainda sujeitas à ignorância e à maldade, precisam se manifestar mais amiúde no plano físico por via do transe mediúnico, e para tanto se impõe que as pessoas em geral sejam informadas a respeito do assunto. Gostaríamos de utilizar em futuro próximo o seu talento literário, que deve ser posto a serviço da verdade e não da fantasia, da realidade eticamente construtiva e não do sonho irresponsável.

20. O Adeus

Sexta-feira, 07 de setembro de 2001.

Hoje não é sexta-feira 13, mas é sexta-feira dia da Independência Nacional, a pátria toda festeja a sua liberdade.

"Talvez isto seja um sinal..." – pensa o mendigo de manhã cedo, ao raiar do sol, com o corpo ainda umedecido pelo banho da madrugada. E continua refletindo nestes termos:

"Por que não aproveito o Dia da Independência do Brasil para dar meu grito do Ipiranga?

"Durante toda a minha penosa existência, já começando a entrar na velhice, preocupei-me unicamente com as coisas deste mundo, teorizando em torno delas, na esperança de contribuir, embora modestamente, para o progresso da humanidade. Por que, a partir de agora, não dedicar o resto dos meus dias ocupando-me das coisas do outro mundo?

Nazareno Tourinho

"*Talvez hoje mesmo deva partir deste lugar, onde aprendi muito do que precisava saber e precariamente ensinei o pouco que sabia, valendo-me tão-só de um livro de Allan Kardec. A esta altura o moderador de debates entende mais de doutrina espírita do que eu, pois me disse ontem ter acabado de ler também* O livro dos médiuns *e* O evangelho segundo o espiritismo, *acrescentando que adquiriu amplo prédio para fundar um centro espírita, no qual implantará atividades de esclarecimento doutrinário, passes, desobsessão e curas. Quer ele que eu fique aqui para ajudá-lo nesse meritório empreendimento, mas não estou preparado para tanto, e o pior é que ele insiste em não acreditar nisso.*

"*Como intelectual, preciso estudar a parte científica do espiritismo, debruçando-me, pelo menos, nas obras clássicas dos autores de quem ouvi falar: o francês Gabriel Delanne, o inglês William Crookes, o italiano Ernesto Bozzano, o russo Alexander Aksakof, o americano Epes Sargent, o irlandês W. J. Crawford...*

"*Quero pesquisar, com os meus próprios esforços pessoais, os fatos mediúnicos, conhecer os seus mecanismos e as suas leis. Desejo sobretudo documentá-los de maneira cuidadosa, objetivando destruir os argumentos dos pseudo-sábios que, sem se darem ao trabalho de fazer experiências para produzir tais fatos, atiram lama sobre a reputação dos grandes médiuns que historicamente deram as maiores provas da autenticidade dos fenômenos espíritas.*

"Allan Kardec me abriu os olhos para esta verdade tão clara e tão simples que a maioria dos pensadores não vê em sua cegueira causada pelo orgulho: apenas com a comprovação da sobrevivência do ser humano após a morte, através dos fatos mediúnicos, podemos construir uma ética que dê sentido à vida na face da Terra, porque, se a nossa existência acaba no túmulo, não vale a pena lutar por nobres ideais. É preferível nos entregarmos aos prazeres da carne fraca e do coração infantil, pondo na lata do lixo a moralidade. Se tudo um dia, inevitavelmente, termina nas brumas do aniquilamento individual, por que não aproveitar o aqui-agora da existência, retirando dele, na medida do máximo, todos os possíveis contentamentos? Por que deixar de perseguir por quaisquer meios acessíveis os bens da fortuna, superando a ambição? Por que abrir mão dos primeiros lugares nas galerias da fama, vencendo a vaidade? Por que anular o egoísmo para ser solidário com os semelhantes? Por que não exercer dominação ostensiva ou velada so-

bre os outros, tanto no campo social quanto no âmbito familiar, se neste mundo os fortes sempre escravizaram os fracos e os espertos sempre enganaram os tolos?

"A vida, neste mundo de safadezas e ilusões, de impiedades e mentiras, é um jogo de cartas marcadas em que as pessoas de boa-fé sempre perdem. Melhor ter má-fé, se não existe para todos nós um outro mundo onde reine a justiça para os que souberem amar o próximo. Se já sei que tal mundo existe, por que me apegar a este? Vou partir hoje mesmo e renascer para uma vida nova em algum outro lugar, onde ninguém me conheça e eu jamais precise ter qualquer segredo. Hoje me libertarei do homem que tenho sido. Definitivamente. E sem medo."

Assim pensando, o mendigo esperou o moderador de debates e exportador de borracha à porta do seu armazém de secos e molhados, antes de ir para a praça em que vez por outra distribuía bombons e biscoitos para as crianças, conversando, sorridente e carinhoso, principalmente com o menino de perna manca. O moderador-exportador surpreendeu-se com a sua presença ali, àquela hora matinal. Olharam-se em um silêncio carregado de significação afetiva, até aquele momento não percebida por am-

bos. Embora soubessem que se separariam em breve, não haviam ainda pensado na solidez dos laços de simpatia e na profundidade da mútua estima. E o breve diálogo entre os dois transcorreu em uma atmosfera de comovedora emotividade. Assim:
– Você aqui tão cedo?
– Amigo, se eu for embora hoje deste lugar tão afetuoso, que nunca vou esquecer, sumindo misteriosamente, saiba que levarei saudades da nossa convivência.
– O que é isto, já completou dois meses da sua chegada?
– Mais ou menos... Porém não se trata disso...
– São os boatos, a história do banho nu com a companheira do mago?
– Também não é isso...
– O delegado de polícia o ameaçou novamente?
– Não...
– Algum problema que eu possa auxiliá-lo a resolver? Conte comigo!
– Obrigado.
– Por que então vai embora? Você sabe o quanto me seria útil, doravante.
– Talvez... Mas devo partir.
– Por favor, fique pelo menos para fazer a palestra de inauguração do centro espírita.

– Não posso. Prometo que, se algum dia, como o seu pai, receber uma flechada de índio caiapó, no dia seguinte estarei me manifestando nele...
– Vai de barco ou canoa?
– Ainda não sei.
– Que horas pretende nos deixar?
– Também ainda não decidi.
– Precisa de dinheiro para comprar passagem?
– Não.
– Para comprar uma roupa melhor ou para qualquer outra finalidade?
– Absolutamente.

Os olhos do moderador de debates quase deixaram escorrer algumas lágrimas, e os do mendigo, sempre cintilantes de indefinível serenidade, turvaram-se.

– Eu sei por que você está indo embora... Eu compreendo...
– Se a gente não voltar a se ver hoje, coma amanhã um jabuti ao leite de castanha em memória da nossa amizade...

Falando isso e esticando o braço para apertar a mão do moderador de debates, o mendigo aduziu:

– Seja indulgente com o mago, ele não é má pessoa, apenas encontra-se perdido em si mesmo.

O Mago e o Mendigo

A seguir afastou-se.
Meia hora depois, o moderador de debates largou os seus afazeres no escritório e se dirigiu para a praça, no intuito de conversar um pouco mais com o mendigo. Não o encontrou. Retornou uma hora após e de novo não o viu. Ao meio-dia, quando foi almoçar em casa, outra vez passou pela praça e, por informação do menino de perna manca, soube que o mendigo estivera ali diminuto tempo, somente o bastante para beber um tacacá com uma mulher bonita de olhos azuis...
Sem conter a curiosidade, o moderador de debates foi ao hotel à procura do mago e sua companheira. Ele ainda não havia chegado para a refeição, estava dando consultas na sala do curso, que, ao ser encerrado, lhe deixou inúmeros clientes interessados em limpeza de aura, viagens astrais, advinhações pelas cartas de Tarô e pela numerologia, curas através do magnetismo das pirâmides e outras coisas similares.
Perguntou o moderador de debates, na portaria do hotel, pela companheira do mago e soube que ela se separara dele há dois dias, mudando-se para uma pensão.
Inquieto e triste, praticamente desolado pela iminente perda do amigo valioso, a quem tanto

devia em matéria de orientação filosófica, nessa fase relevante para o seu futuro espiritual, o moderador de debates não conseguiu conciliar o breve sono costumeiro depois do almoço e, renunciando à sesta, saiu antes do horário habitual para fazer o giro de inspeção em suas quatro lojas de quinquilharias; concluindo-o, esticou até a ponte a fim de verificar se algum barco de passageiros estava de partida naquela data, ou alguma canoa fora fretada.

Não logrou saber o que desejava porque as tripulações se achavam ausentes.

Parou no quiosque de sua preferência e, quando o proprietário foi a ele, com a cuia pintada cheia de cheirosas iscas de peixes, perguntando se podia pôr na mesa uma cerveja bem gelada, respondeu:

– Não fique surpreso, desta vez quero uma bebida mais forte. Qualquer uma!

Pensou em ir procurar o mendigo na ponta deserta da praia, porém considerou que seria desproposito fazer o cansativo percurso, sob o calor tórrido das quatro horas da tarde; todos no vilarejo sabiam, mormente ele, que o seu amigo de paletó rasgado só permanecia no local à noite, para dormir e tomar banho quando ninguém pudesse vê-lo despido, à distância.

O Mago e o Mendigo

Foi aí que se equivocou: o mendigo estava na ponta erma da praia, juntamente com a médium ex-companheira do mago.

Não eram vistos de longe, na claridade do sol, porque entraram uns poucos metros na floresta que marginava o rio, a fim de consumarem seu derradeiro ato em segredo...

Não aquele ato em segredo que seria lógico imaginar, e sim outro mais prazeroso para ambos, na atual situação.

Expliquemos:

A médium encontrava-se em transe e por ela o espírito de luz, que se comunicara precedentemente, orientava o mendigo na escavação da terra endurecida rente a uma árvore.

Fazendo buraco no chão com um remo partido que apanhou nas imediações, pois não dispunha de enxada, o mendigo dava andamento à inusitada tarefa com extrema dificuldade; de vez em quando a interrompia, repousando para recuperar o fôlego e ir adiante. Em determinados instantes quase desanimou; contudo, atendendo recomendação do espírito, orou mentalmente e graças a isso teve forças para continuar aprofundando a escavação.

Depois de muito suar e à beira da exaustão, o mendigo descobriu no fundo do buraco algo que nada tinha de exótico para ali ser descoberto: um objeto de barro de fabricação indígena.

A fim de não quebrar o precioso objeto, que apresentava por fora um desenho de traços rudimentares e por dentro estava cheio de uma areia esquisita, avermelhada, o mendigo passou a remover a terra que o circundava com as mãos. Tão logo retirou do solo e ergueu o objeto, um vaso parecido com uma pequena urna funerária dos caiapós mas um tanto diferente em vários aspectos, o mendigo escutou do espírito esta advertência:

– Não derrame a areia de dentro nem procure o que nela se esconde!

– Por quê? – perguntou o mendigo. O espírito respondeu:

– Esta pequena urna, artisticamente trabalhada pelos nossos irmãos menores da selva, guarda uma coisa que não possui nenhum valor para você, todavia, em razão das circunstâncias em que estamos todos os três envolvidos, precisa ter destino diferente do que teve até hoje.

– Que destino? – voltou a indagar o mendigo, visivelmente incomodado com tudo aquilo. E ouviu:

– Você ficará depois sabendo. Não seja tão apressado, lembre-se do que aprendeu com os caboclos deste município, eles são mais sábios que os mestres presunçosos da magia. Agora saia daqui, embrulhe em papel de presente este raro objeto e mande o menino de perna manca entregá-lo no hotel amanhã, diretamente, para o mago. Se ele perguntar quem mandou o embrulho, o menino deve dizer apenas isso: foi um irmão seu, habitante do Além, que se manifesta por médiuns e não é anjo nem demônio. Agora, adeus! Que o Criador da Vida, a Inteligência Suprema, Causa Primeira de todas as coisas, abençoe o futuro de todos vocês.

O moderador de debates, olhando para uma garrafa de vinho quase seca e para seu relógio de algibeira, levantou-se com o objetivo de efetuar mais uma visita à praça, a última na esperança de localizar o mendigo.

Na sala do curso, o mago, despachando o último cliente, de igual modo tinha também o coração doído, não em decorrência do abandono da companheira, com a qual nunca tivera a menor afinidade de pensamento e sentimento, e sim porque vislumbrava o malogro final de sua peregrinação no Caminho da Floresta Amazônica. Desejando no fundo ser um alquimista, ele sonhara tanto, e tão sinceramente, com a pedra mágica de sua paixão esotérica, a pedra-talismã que seria o símbolo sagrado do seu grau de mestre nas artes divinatórias, a pedra da lenda amazônica que lhe teria valor igual ao que tinha para o Paulo Coelho a espada obtida no Caminho de Santiago de Compostela, na Espanha... E não apenas sonhara com tal pedra miraculosa – lutara sofridamente pelo sonho mantido em absoluto segredo, dando todos os passos necessários à concretização do mesmo, para o que resolvera sair da confortável terra natal com o propósito de se internar, caso fosse preciso, nas últimas fronteiras acreanas... Sonhara tanto, lutara tão tenazmente a fim de materializar o grande sonho de sua vida, e tudo em vão!... Lamentável, porque, se houvesse obtido um muiraquitã verdadeiro, não falsificado, como o mesmo tem a conformação de um batráquio poderia se considerar mestre da Ordem de RÃ, embora não de RAM, e até se julgar mais competente do que Paulo Coelho por ter conquistado a sua arma de guerreiro da luz, ou da sombra, sem precisar percorrer o Caminho de Santiago de Compostela.

A noite chegou com as suas miríades de velas acesas no altar do firmamento, piscando luz radiante em torno da lua cheia, majestosa, imponente como uma rainha coroada. A beleza do céu vestia-se com o silêncio da mata onde os animais dormiam em perfeita quietude. As águas do rio, espelhando as estrelas, deslizavam vagarosas, mansamente, quais se fossem gotas de sereno em pétalas de flores, empurradas pelas leves brisas que anunciam as auroras.

Tudo transpirava infinita paz, quando, por volta da meia-noite, uma canoa de velas coloridas desatracou da ponte levando um casal de passageiros para porto longínquo.

Na curva do rio, o casal contemplou as palmeiras de uma ponta de praia deserta. O homem agradeceu ao Senhor dos Mundos por ter ali pisado na condição de mendigo com os pés descalços. A mulher reclinou no seu ombro a cabeça, agora sã e feliz, antes atormentada desde a infância, e, depois dos 14 anos, muito mais por seres malignos. Ele fitou-a demoradamente, deixando suas mãos brincarem com os cabelos louros que, esvoaçando ao vento, quase cobriam dois inigualáveis olhos azuis...

Na manhã do dia seguinte o mago recebeu pessoalmente o embrulho do menino de perna manca, com o recado do remetente. Abrindo-o, recusou-se a tocar no conteúdo, sob a alegação de que se tratava de um feitiço. Mandou que fosse jogado fora. Ao pegar de volta a pequena urna indígena, nervoso e assustado, o menino deixou-a cair. Ela se quebrou e o mago, frente à

Nazareno Tourinho

terra vermelha espalhada no chão, defrontou-se, emocionado, com uma pequena pedra de nefrita artisticamente talhada em forma batraquiana, intacta e perfeita, de cor esverdeada. Era um autêntico muiraquitã...

Se você gostou desta obra, precisa conhecer outros autores e romances da Lachâtre

Instituto Lachâtre
Caixa Postal 164 – CEP 12914-970 – Bragança Paulista – SP
Telefone: 11 4063-5354
Página na internet: www.lachatre.org.br
E-mail: editora@lachatre.org.br

O Magneto

Mauro Camargo

Conheça, neste romance, um dos mais insólitos empreendimentos, que uniu para a sua realização o Brasil e a França, envolvendo o socialismo, a homeopatia e o magnetismo animal, ciências precursoras do espiritismo.

O Flagelo de Hitler

Albert Paul Dahoui

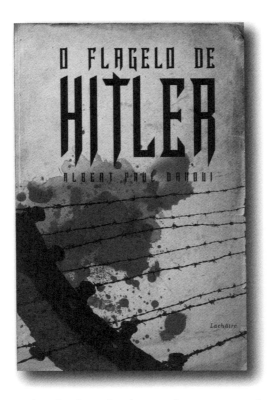

O Flagelo de Hitler é uma obra que se atém na história de uma pequena comunidade de espíritos que se encontra no momento de definir o seu futuro. Somente os que propuserem à verdadeira transformação moral poderão permanecer na Terra.

O Resgate

Octávio Augusto

O Resgate é um romance atualíssimo que se passa em 2011, em meio à "Primavera Árabe", onde coragem, dedicação e amor se misturam para conseguir libertar, mais do que uma sociedade oprimida, corações acorrentados a um passado vicioso.

Carandiru

Renato Castellani

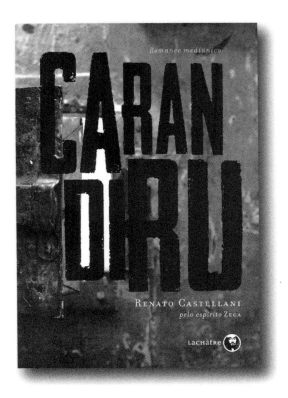

  Sobre a chacina do Carandiru falaram sobreviventes e policiais. Faltava o depoimento dos executados. Esta obra é o relato de um dos presos do Carandiru executados no fatídico dia 2 de outubro de 1992. De uma narrativa de violência e dor, destaca-se a mensagem da esperança que se desenvolve ao descobrir que a Providência Divina extrai lições mesmo dos momentos mais dramáticos de nossas vidas.

Eu queria ser Bezerra de Menezes

Mauro Camargo

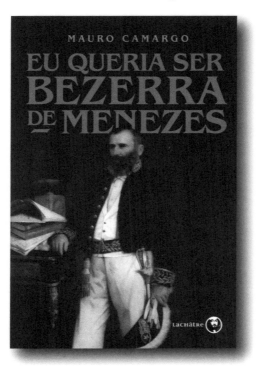

Todos temos ao nosso redor as ferramentas e os professores de que necessitamos no caminho de nosso progresso. Alguns aproveitam melhor essas oportunidades e se distanciam rapidamente, outros estacionam à margem desse caminho por largo tempo à espera de que um grande evento os sacuda da inércia.

Ternura e Desejo

Rita Foelker

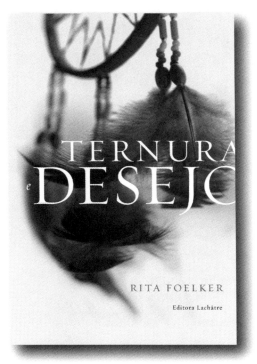

    Seis pessoas, em busca de felicidade e realização profissional, enfrentam suas próprias fragilidades com as forças que encontram dentro de si mesmas, e também na amizade sincera de seres deste e do "outro mundo".
    Ternura, desejo, sensualidade, dedicação e afeto surgirão em seus caminhos. E cada qual escolherá a direção a seguir.

Perdoo-te

Médium: Eudaldo Pagés
Transcrito por Amalia Domingo y Soler

Íris, Maria Madalena, Teresa d'Ávila... diversos nomes, um mesmo espírito e a história do poder transformador do perdão e da dolorosa trajetória evolutiva de um espírito.

O leitor por certo vai se impressionar com este livro. Conhecendo as agruras da personagem ao longo de várias encarnações, não deixará de concluir que todos necessitamos, sem mais delongas, aprender a perdoar, auxiliar e amar, sem desvios na caminhada em direção à Luz Maior.

Padre Germano

Médium: Eudaldo Pagés
Transcrito por Amalia Domingo y Soler

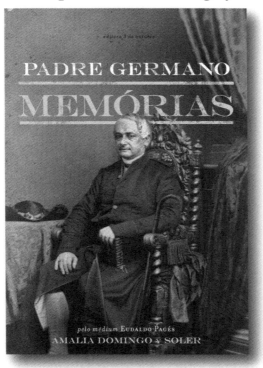

 Um dos mais importantes e belos romances espíritas de todos os tempos, com nova e atualizada tradução e em belíssima edição, contendo notas de esclarecimento que facilitarão ao leitor a percepção da beleza do texto original e em condições excepcionais.
Para quem não a conhece ainda, esta é uma das mais lindas obras da literatura espírita. Para quem já havia lido, é mais uma nova oportunidade para melhor apreender as maravilhosas e marcantes lições do padre Germano.

Muiraquitã

Esta edição foi impressa em outubro de 2012 pela Markpress Brasil Indústria Gráfica Ltda., de São Paulo, para o Instituto Lachâtre, sendo tiradas duas mil cópias, todas em formato fechado 140x210mm e com mancha de 110x180mm. Os papéis utilizados foram o Off-set 75g/m^2 para o miolo e o Cartão Supremo 300g/m^2 para a capa.

O texto principal foi composto em Utopia Std 13/16,8, os títulos foram compostos em Meridien LT Std 24/28,8, as citações, em Utopia Std 11/14,8. A programação visual da capa é de Andrei Polessi.